La casa del Deán Payarinos y el Conservatorio de Música en Oviedo

La casa del Deán Payarinos y el Conservatorio de Música en Oviedo

José Fernando González Romero

EDICIONES TREA

Primera edición: octubre de 2024

© José Fernando González Romero, 2024

Ediciones Trea, S. L.
Polígono de Somonte / María González la Pondala, 98, nave D
33393 Somonte-Cenero. Gijón (Asturias)
Tel.: 985 303 801 / Fax: 985 303 712
trea@trea.es / www.trea.es

Dirección editorial: Álvaro Díaz Huici
Producción: Patricia Laxague Jordán

D. L.: AS 02581-2024
ISBN: 978-84-10263-55-0

Impreso en España. Printed in Spain

A la desinteresada colaboración del documentalista Ángel Sevillano, por sus consejos y correcciones; a Fausto, mi hijo, por el diseño gráfico y ayuda; a Maite, mi esposa, por su apoyo incondicional en todo momento.

Índice

Introducción

El núcleo esencial del presente trabajo tiene su origen en el artículo que con el título «La Casa del deán Payarinos en Oviedo sede del Conservatorio de Música» se publica en el *Boletín del Real Instituto de Estudios Asturianos* en el año 2002, lo que implica un tiempo suficiente para revisar posibles errores, aportar nuevos datos y conferir nueva vitalidad a una de las páginas más entrañables de la intrahistoria de la capital del Principado. Un escenario que tiene como marco urbanístico la Corralada de Vetusta con su triple contenido arquitectónico, social y musical.

Desde el punto de vista urbanístico, la Corralada, a la sombra de la *Sancta Ovetensis*, ofrecía un tejido arquitectónico más denso que en la actualidad y se reducía a una húmeda plazuela delimitada por la residencia episcopal, el frontispicio del claustro catedralicio, la Casa del Chantre y una manzana de casas colindante con la calle Canóniga. A la llegada de la modernidad, su recinto se amplía gracias al derribo de una parte de su caserío y, frente a la morada del obispo, el arquitecto Juan Miguel de la Guardia proyectaba el palacio de la familia Pajares y trataba de dignificar la plaza.

En el plano social se convierte en una zona predilecta para residir los eclesiásticos, de aquí la denominación de Canóniga Alta y Baja para sus calles vecinas. Durante la *belle époque* en torno a 1900, no exenta de profundas contradicciones. el flamante palacio de la familia del deán Benigno Rodríguez Pajares refleja el gusto exquisito y la refinada cultura de sus moradores para dejar paso en los terribles años treinta a unos nuevos moradores, dentro ya de una clase media bien acomodada, donde destaca la presencia del oftalmólogo Santiago Romero Martínez.

En su dimensión musical, el vecino Colegio de San José en la calle del mismo nombre alberga la escolanía catedralicia y bajo el magisterio de Joaquín Lázaro la capilla ovetense disfruta de una edad de oro en el siglo de las luces. A principios del siglo xx se plantea la polémica del traslado del coro catedralicio con el enfrentamiento entre el obispo y los distintos canónigos. La casa del Deán

Payarinos sobrevive al paisaje apocalíptico de la ciudad mártir originado por la revolución y la guerra, pero agoniza en los años del desarrollismo al perder su función de mansión señorial.

Su rehabilitación como sede de los conservatorios ovetenses (1985), con un nuevo destino que no puede ser más noble, significa la salvación de su refinado volumen externo pero la pérdida definitiva de su mágico interior modernista. Todo ello coincide con un renacimiento musical de la Vetusta clariniana, impulsado por la creación de la licenciatura de Musicología en la Facultad de Filosofía y Letras (1983) y la inauguración del Auditorio Príncipe Felipe (1999), a lo que se une la estancia en la comunidad asturiana de la Orquesta de Cámara Los Virtuosos de Moscú.

La Corralada del Obispo y su entorno urbanístico; la figura de Benigno Rodríguez Pajares y su carrera eclesiástica; la casa del Deán Payarinos, una de las obras emblemáticas en 1900 del arquitecto Juan Miguel de la Guardia, junto al análisis del detalle de su urbanismo, construcción, ornato y distribución; la vivienda y consulta del oftalmólogo Santiago Romero Martínez; y finalmente, su rehabilitación como Conservatorio de Música, dentro de un renacimiento musical de la ciudad de Oviedo, son algunos de los eslabones del presente trabajo para disfrute del lector.

La Corralada de Vetusta y su entorno urbanístico.
Arias, motetes y villancicos en San Salvador

1.1. PRECEDENTES HISTÓRICOS

No se puede entender la catedral ojival de Oviedo, que se caracteriza por su tamaño monumental, sin tener en consideración su entorno natural. Preside el casco redondo de la urbe de raíces prerrománicas, su construcción se alarga varios siglos y los conflictos de todo tipo, que se generan en su avance, obligan a innumerables negociaciones y desembolsos económicos. El desarrollo de su construcción contrae y dilata el tejido urbano que envuelve su fábrica y ésta a su vez condiciona sus propios trazados y la dirección a seguir.

La Corralada, a los pies de la seo catedralicia, se la conoce en el siglo xix bajo el nombre de Álvarez Acevedo y con él continúa hasta la Segunda República, para recibir por último la denominación de Corrada del Obispo. Clarín en su novela *La Regenta* la describe como una plazuela «húmeda y estrecha» que ocupa una superficie muy inferior a la actual. Hoy se trata de uno de los lugares más entrañables del casco antiguo de Oviedo, pero la calidad ambiental de este ámbito urbano es el producto de una larga evolución histórica, que culmina con el derribo de parte de su vetusto caserío (Fig. 1).

Esta plazuela, entonces de Álvarez Acevedo, está presidida por la fachada del claustro catedralicio, que se orienta al mediodía. En su construcción interviene durante la segunda mitad del siglo xviii el arquitecto Francisco de la Riva: su *Portada de la limosna*, flanqueada por grandes pilastras, se corona por un frontón partido de brazos curvados; los balcones del piso superior reciben celosías de estilo rococó, que otorgan al edificio un aire palaciego, en consonancia con los palacios dieciochescos de nueva planta, que se alzan en el entorno catedralicio, y el del propio obispo[1] (Fig. 2).

---

[1] Recibe el nombre de *Puerta de la Limosna* por su reparto el día de Jueves Santo.

El palacio episcopal se encuentra ubicado en el lado este de la plaza. Se trata de una obra renacentista muy alterada por las numerosas reconstrucciones, que experimentó a lo largo de su historia. Su fábrica, que ofrece un aspecto severo, volúmenes prismáticos y de impecable estereotomía, se encierra sobre sí misma, dentro de la más pura tradición española. Como elementos más notables destacan la portada, que se enmarca por un poderoso almohadillado y se coronaba por un balcón entre dos escudos platerescos, y el patio interior de planta cuadrada rodeado de galerías (Fig. 3. y Fig. 4).

La Corrada también tenía una hilera de casas, que iban desde la tapia de la residencia episcopal hasta la calle de San José. Las viviendas tangentes con la cerca se derriban a principios del siglo xx para poder acceder a la calle Canóniga y para ampliar la plazuela se culmina su definitiva eliminación en 1956. Frente al claustro catedralicio, este espacio funciona como un atrio despejado al sur de la catedral. El incendio de Oviedo en 1521 afecta gravemente al palacio episcopal y a los edificios vecinos, hecho que se vuelve a repetir en la Revolución de 1934 y la Guerra Civil de 1936.[2]

La calle Canóniga se extendía desde la calle San Antonio, en su confluencia con las de Santa Ana y Mon, para después de encontrarse con la de San Isidoro, desembocar en la de San José. A partir del siglo xiv, con motivo del cese de la vida comunal de los prebendados, las calles paralelas a la catedral y al palacio del obispo van a ser las zonas predilectas para residir los eclesiásticos. Precisamente, la gran abundancia de canónigos a lo largo de esa calzada, fue lo que dio lugar a su nombre. La denominada Canóniga Baja desapareció en parte, víctima de los ensanches burgueses.

Una fotografía antigua (1925) recoge una perspectiva aérea de este entorno urbano: en primer plano se pueden observar los tejados de la torre románica y las galerías del claustro superior de la catedral, el angosto recinto de la plazuela de la Corralada y la extinta manzana de casas colindantes con la calle Canóniga; en segundo plano, el convento de las Domésticas y la casa del Deán Payrinos, con su ático original sin su modificación posterior; y finalmente, al fondo las chimeneas de la Fábrica de gas y electricidad del Postigo Bajo y los campos abiertos del paisaje extramuros (Fig. 5).

En el Oviedo intramuros, un eje viario con dirección norte sur partía desde la puerta de la Noceda en la Cerca, por donde entraban los visitantes que procedían de la zona costera como Gijón y Avilés, para transcurrir a través de la calzada de San Vicente, entre los monasterios del mismo nombre y el de San

---

[2] El aspecto actual de este palacio se debe a la última actuación realizada en la posguerra por el arquitecto municipal Luis Menéndez Pidal.

Pelayo, y llegar a la plazuela de la Corrada del Obispo. Desde allí, descendía por la vía de San José, hasta desembocar en el Postigo Alto de la muralla, donde poco antes también confluían las callejas de Salsipuedes yl Ecce-Homo (Fig. 6).

Al ascender por la calle de San José, se entroncaba con la desembocadura de la Canóniga Baja. Después de pasar la Casa del Chantre, en la plazuela de la Corrada del Obispo, al inicio de la travesía de San Vicente en el núm. 2, se alzaba la casa de los Deanes con su jardín intramuros. Sus restos del siglo xv se reaprovecharon para la edificación emprendida por el arcediano Gonzalo Solís a fines del xvi, cuyos escudos de armas campearon sobre la arquivolta del pórtico. Las *Religiosas del Servicio Doméstico* se instalaron en el mismo, a partir de 1911 hasta el día de hoy.[3]

1.2. LA CASA DEL CHANTRE Y LA ESCOLANÍA CATEDRALICIA

Al principio de la calle de San José se encontraba el colegio del mismo nombre, que en el siglo xvii fundaba el arcediano Pedro Díaz de Osejo, donde se educaban y vivían los niños cantores, al servicio de la escolanía catedralicia. La música coral constituía un elemento fundamental de las celebraciones litúrgicas en la consecución de su esplendor y solemnidad religiosa. El edificio se caracterizaba por su volumen cúbico externo, un hermoso patio interior, rodeado de tres pisos de galerías porticadas dentro del barroco clasicista, y un jardín resguardado por la muralla.

En sus aulas imparte enseñanza san fray Melchor García Sampedro (1821-1858). Con posterioridad pasa a ser convento y residencia de ancianos, una de cuyas escenas recoge el pintor Augusto Junquera en su lienzo titulado *El Asilo* (1906). Al perder su función pronto se convierte en una residencia arzobispal para familias humildes, que se conoce de forma popular como el *Hotel fabada*. Finalmente, ante su estado ruinoso, se derriba para levantar la actual residencia sacerdotal, que implica la ocupación de otros solares entre los que se encuentra el del antiguo colegio de San Agustín (Fig. 7).

La Casa del Chantre, de una sola planta, con su jardín y huertas zagueras que colindaban con la muralla medieval, ocupaba justo el lugar de los actuales conservatorios y se denominaba de esta forma por estar habitada por la dignidad eclesiástica de la misma denominación, a cuyo cargo corre el gobierno del coro catedralicio. Se trataba de un sobrio caserón cuya sólida fachada de piedra, ape-

[3] José Fernando González Romero: *La catedral de Oviedo y su entorno. Consistorio y casco antiguo.* Gijón: Ediciones Trea, 2017, pp. 79-89.

nas animada por un escudo heráldico, se adelantaba de forma rectangular hacia la plazuela para interrumpir el eje viario San Vicente-San José.

La *Sancta Ovetensis* siempre fue inseparable del papel que en ella desempeña la música. Un placentero paseo por las galerías del claustro permite admirar hasta treinta y seis instrumentos musicales que acompañan las escenas bíblicas de sus pilares y capiteles historiados, a los que se unen los monumentales órganos de la nave mayor del templo, cuya sonoridad ya no es virtual sino real. En este contexto artístico los maestros de capilla, como músicos profesionales y de reconocido prestigio, dirigen la música sacra en las ceremonias religiosas a lo largo de la historia catedralicia.[4]

El siglo XVIII constituyó una auténtica edad de oro de la música en Asturias. En este periodo a los dos órganos musicales, fabricados en 1749 y 1751, se incorporan dos nuevos, entre otros instrumentos. En este florecimiento resalta el magisterio de Enrique Villaverde (1724-1774), que consolida y prestigia la escolanía y orquesta, además de incorporar dos balcones al coro para una mejor sonoridad. Procedente de Alicante le sucede en el cargo Pedro Furió (1775-1780), maestro de capilla y compositor, que introduce la estética del rococó en sus partituras.[5]

Bajo la dirección de Joaquín Lázaro (17746-1786), miembro de la Real Sociedad de Amigos del País, la capilla musical alcanza su máximo esplendor (1781-1786). Sus composiciones dentro del estilo rococó se mueven entre el barroco y clasicismo. El tesoro de sus partituras se encuentra formado por varias obras en latín, una misa, salmos, motetes, arias y abundantes villancicos. Entre sus temas navideños se puede citar el de la *Noche preciosa, clara y divina* y como alabanza a la patrona de Asturias *A Eulalia dichosa y encendida en vivo fuego.*

1.3. LA *BELLE ÉPOQUE* EN TORNO A 1900. ÓPERA EN EL CAMPOAMOR

La ciudad de Oviedo, dormida y anclada en el pasado durante la era isabelina y el sexenio revolucionario (1843-1874) experimenta a partir del año 1885, fecha en la que se publica *La Regenta* de Clarín, un cambio económico y social que se traduce en la transformación de su casco urbano. La burguesía conservadora, que se consolida en el régimen político de la Restauración, impulsa una nueva urbe, moderna y cosmopolita, exquisita y señorial en sus edificios, donde es

[4] Francisco Caso Fernández: «Iconografía bíblica en el claustro de San Salvador», *Liño. Revista anual de historia del arte*, núm. 8, 1989, pp. 35-50.

[5] Inmaculada Quintanal: *La música en la catedral de Oviedo del siglo XVIII*, Cátedra Feijoo, Universidad de Oviedo, Gijón: Centro de Estudios del Siglo XVIII, 1883.

patente la influencia parisina. Como momento culminante y mágico de este periodo se puede señalar la fecha de 1900.

En efecto, con la restauración de los Borbones en la figura de Alfonso XIII, se inicia una nueva etapa en la historia de España. La fase central de este periodo, que coincide con la Regencia de María Cristina de Habsburgo Lorena (1885-1902) y el triunfo de la segunda industrialización, cuyo motor esencial en Asturias es el complejo metalúrgico-militar, se caracteriza por una cierta prosperidad económica y relativa calma social que favorece el crecimiento de la clase burguesa que sustenta dicho sistema político. Y a su servicio se pone una arquitectura, más liberal que democrática

Durante las dos últimas décadas del siglo xix, gracias al fin de las guerras carlistas y la paralización de las medidas desamortizadoras, en Madrid y Barcelona la actividad arquitectónica se incrementa de forma notable en comparación con el resto del siglo anterior. Esta fiebre constructiva se extiende a otras ciudades provinciales como Oviedo. La época del eclecticismo francés y su intento de sobrevivir en el tiempo al disolverse en el modernismo, representa una de las etapas arquitectónicas más brillantes en el crecimiento espacial de la ciudad

El Estado liberal simbolizado por el flamante Palacio de la Diputación Provincial, la Iglesia diocesana dirigida con firmeza por el obispo fray Ramón Martínez Vigil, la emergente ascensión de comerciantes y banqueros enriquecidos por el avance de la industrialización, los indianos que tratan de invertir sus capitales procedentes de la emigración a América o representantes aburguesados de la nobleza y el clero como D. Benigno Rodríguez Pajares conocido como el *Deán Payarinos* representan los grandes clientes o mecenas de los arquitectos.[6]

En el casco antiguo, cuya forma redondeada denota el perímetro de la antigua muralla, los arquitectos municipales, ante la imposibilidad de llevar a cabo una revolución urbanística dentro del modelo de ensanche burgués, emprenden actuaciones puntuales o tímidas reformas, que permiten una paulatina mejora de sus condiciones de salubridad y habitabilidad. En este sentido, la plazuela de la Corralada o la misma plaza de la catedral amplían sus dimensiones por el derribo de parte del caserío, en un intento de rodear a San Salvador de grandes espacios a la manera francesa.

Estas actuaciones provocaban la paulatina destrucción del urbanismo tradicional, que se caracterizaba por sus calles estrechas y pequeñas plazuelas. La concepción medieval entraba en colisión con el ensanche burgués donde predominaba el plano ortogonal, con las calles tiradas a cordel y amplias plazas

---

[6] En el último cuarto del siglo xix el crecimiento espacial incluye además profundas modificaciones en la morfología y el contenido social. Francisco Quirós Linares: *El crecimiento espacial de Oviedo*, Departamento de Geografía de la Universidad de Oviedo, 1978, p. 39.

dominadas por la regularidad. Pero los resultados de las piquetas municipales, bajo el pretexto de la viabilidad y salubridad, no siempre fueron satisfactorios. Muchos lugares cargados de tradición y llenos de encanto se convirtieron en espacios desangelados e incluso inhóspitos.

Más fácil es la construcción de nuevos edificios en las manzanas del ensanche que, entre el Palacio Provincial y la Estación del Norte, tiene como columna vertebral la calle Uría, cuyo gran empaque asombra a los visitantes que arriban a la ciudad y a pesar de los derribos originados desde entonces por la especulación, todavía conserva parte de su carácter señorial. Así se convierte en 1900 en una versión modernizada de la calle Cimdevilla, el gran eje comercial del casco antiguo a lo largo del siglo XIX y desplazaba a la calle Campomanes, la más moderna en la década de 1870.

Los servicios de gas ciudad y la luz eléctrica se extendían a la mayoría de las casas. Los primeros automóviles comenzaban a circular por avenidas y plazas, aunque todavía en un número muy reducido en comparación con las berlinas de tracción animal. Las calles avanzaban en su pavimentación y las aceras se ensanchaban para recoger a los comercios con sus relucientes escaparates y a un creciente número de compradores. A principios de siglo la ciudad parecía crecer de forma un tanto descontrolada, pero se respiraba en general un ambiente de vitalidad y optimismo.

En torno a 1900 Oviedo se había vuelto más cosmopolita y vivía su propia *belle époque*. Se construía la nueva estación del Vasco, desdichadamente derribada y en aquel momento un proyecto futurista donde participaba la empresa de ingeniería francesa *Eiffel*. Como gran novedad se introducía una especio de funicular para salvar el desnivel del terreno entre los andenes de los trenes y la entrada situada en la rasante de la calle Jovellanos. Las marquesinas de hierro del acceso y las cabinas interiores se caracterizaban por su acusado diseño *art nouveau*.[7]

Las estaciones de ferrocarril acercaban las ciudades, que se transformaban en activos centros de consumo de los productos generados por la revolución industrial. En la capital del Principado, como consecuencia del desarrollo comercial e industrial, la arquitectura del hierro durante el último tercio del siglo XIX, había dotado a sus convecinos de tres plazas cubiertas, los mercados de abastos de Trascorrales, del Progreso y el 19 de Octubre que protegían las transacciones comerciales de las inclemencias del tiempo húmedo y velaban por su salubridad.

[7] José Fernando González Romero y Pelayo Muñoz Duarte: «La estación del Ferrocarril Vasco-asturiano en Oviedo y la desaparición de un entorno modernista», en *Minería del Carbón y Arquitectura Industrial en Asturias*», Gijón: Gráficas Ápel, 2000, pp. 15-36.

La actividad comercial e industrial impulsa la ciudad de las finanzas. A partir de 1900 los palacios del dinero dan lugar a algunos de los edificios más espectaculares de la urbe como el Banco Asturiano (1900) de Juan Miguel de la Guardia, el Banco Herrero de Manuel del Busto (1911) o el Círculo Mercantil (1912) de Julio Galán Carvajal. La arquitectura religiosa también recibe un fuerte impulso bajo el obispado de fray Ramón Martínez Vigil. Luis Bellido, desde su cargo de arquitecto diocesano proyecta el antiguo Seminario (1885) o el templo de San Juan el Real (1902).

La ciudad del espectáculo tenía su epicentro en el Teatro Campoamor, sucesor de la antigua Casa de Comedias del Fontán, cuya temporada de ópera es una de las más antiguas del país. El teatro-circo de la calle Quintana y el teatro-restaurante de la calle Jovellanos completaban la oferta teatral. El mundo del ocio se manifestaba en la proliferación de hoteles, restaurantes y cafés. El Restaurante Francés en la calle Jovellanos, el Café París al comienzo de la calle Fruela o el Hotel Covadonga en la plaza de Porlier son nombres evocadores de una época que ya pasó.

Juan Miguel de la Guardia (1849-1910), al servicio del consistorio ovetense (1882-1910,) en su figuración de una ciudad-palacio, es el autor de uno de los conjuntos arquitectónicos y urbanísticos más coherentes de España fuera de Madrid y Barcelona, que otorga a la capital del Principado una parte de su calidad ambiental. Su estilo, dentro de un naturalismo lírico de raíz parisina, desplaza al clasicismo isabelino y desemboca en el modernismo. Su obra se complementa con la aportación de Javier Aguirre (1850-1939), arquitecto de la Diputación Provincial (1877-1893).[8]

En la obra de Juan Miguel de la Guardia se pueden resaltar algunas notas: el cosmopolitismo, es decir, una tendencia a la universalidad a través de las composiciones abstractas que dan lugar a unos patrones que se repiten con pocas variedades en las grandes urbes europeas; la acusada influencia francesa, que se manifiesta en las mansardas, las cúpulas que evocan las cubiertas de los pasteles y en los detalles decorativos procedentes de la corte de los Luises. Es el arquitecto elegido por Benigno Rodríguez Pajares para alzar su palacio en la Corralada del Obispo.

---

[8] José Fernando González Romero: *El arquitecto Javier Aguirre Iturralde (1850-1939). Entre Asturias y el País Vasco*, Gijón: Ediciones Trea, 2018. Para más información sobre su biografía y producción arquitectónica.

La figura de Benigno Rodríguez Pajares (1845-1920).
Réquiem por el coro catedralicio

2.1. FORMACIÓN ACADÉMICA Y ACTIVIDAD PROFESIONAL

2.1.1. El ambiente familiar

Benigno Rodríguez Pajares, conocido popularmente como el *Deán Payarinos*, desempeña en su condición de eclesiástico, escritor y docente una importante misión en la Iglesia de su tiempo y constituye una de las personalidades más atractivas de Oviedo en torno a 1900. Nace en la localidad asturiana de San Cucufate de Llanera en el año 1845 en el seno de una familia de profundas raíces católicas, que disfruta de una situación social y económica bastante confortable para la época. Una fotografía hecha por Ramón del Fresno muestra al eclesiástico tocado con birreta en 1900[9] (Fig. 8).

Gracias a la documentación conservada se puede rastrear sus ascendientes hasta el siglo xvi. Sin pertenecer a la nobleza, son propietarios rurales que disfrutan de una cierta hidalguía con amplias posesiones en Pola de Siero, Colloto, Limanes y Llanera. De los progenitores sabemos que su padre Ramón Rodríguez Suárez «escribano público por S.M. (Q.D.G.) y de los de número y colegio de la ciudad de Oviedo», detenta una notaría situada en la planta principal de la casa de su propiedad que con el número 2 de la calle del Sol, linda con la plaza del Ayuntamiento.[10]

Se trata de una de las notarías más prestigiosas de la capital asturiana en la segunda mitad del siglo xix. En el ejercicio de esta actividad liberal la familia disfruta de una saneada fuente de ingresos, a cuyo montante se unen algunas

---

[9] Constantino Suárez: *Escritores y Artistas Asturianos*, Oviedo: Ridea, 1957, t. 5, p. 553.

[10] Se conserva una escritura fechada el 31 de marzo de 1866 relativa a D. Ramón Rodríguez Suárez, que entonces contaba con cuarenta años de edad, en la que consta que paga la cantidad de 70 escudos por la redención total a su favor de un censo de 5.600 escudos pagadero a la Catedral de Oviedo por su finca en la parroquia de Limanes (Concejo de Pola de Siero). AB, leg. 25, doc. 2.

rentas agrícolas, parte de los cuales se invierten en otros inmuebles de la ciudad como el ubicado en la calle de la Vega. La mayor parte de la saga familiar se encuentra integrada por miembros del clero que designan como administrador universal a Benigno Rodríguez Pajares. El edificio de la sede notarial se conserva muy modificado en la actualidad.[11]

Su madre Ramona Pajares como hija de Francisco Pajares y Mata, natural del concejo de Pola de Siero, heredó una serie de fincas sitas en la Llosa de la Carrera y la parroquia de Limanes, que se incorporaron al patrimonio familiar. De los siete hijos que tuvo, cuatro se consagraron a la vida religiosa. Referente a sus tíos paternos, Francisco Rodríguez Suárez fue vecino y párroco de la feligresía de Granda y su hermano Manuel se trasladó a Cuba, donde permaneció como residente y presbítero Ambos ejercieron una influencia decisiva en la vocación eclesial de sus sobrinos.[12]

De las hermanas, Regina Antonia y Ángela Joaquina Rodríguez Pajares profesaron como monjas benedictinas en el convento de San Pelayo de Oviedo con los nombres de sor Bonifacia y María de los Ángeles. En cuanto a su hermano Cecilio también siguió la carrera eclesiástica; alcanzó el diaconado, primer grado en el orden sacerdotal, en el año 1883 para ordenarse sacerdote al año siguiente; coadjutor de Granda en 1885 se trasladó a Oviedo como beneficiario de la catedral; en sus últimos años ofició en la parroquia de la Corte y falleció en 1902[13] (Fig. 9. y Fig. 10).

Otra de las hermanas, Isidora, un tanto problemática en su carácter, permaneció soltera y residió en la casa de la Corralada del Obispo junto a sus dos hermanos sacerdotes Su hermano Gumersindo Rodríguez Pajares, con fama de manirroto, dentro de la carrera migratoria familiar partió para Cuba donde se encontraba su tío paterno Manuel Rodríguez Suárez como párroco del templo del Santo Cristo del Buen Viaje en la ciudad de la Habana. Una parte de los bienes procedentes de la hijuela de sus padres los vendió a su hermano Benigno y el resto los perdió en uno de sus viajes.[14]

---

[11] La casa de la calle de la Vega, antigua núm. 34 fue adquirida directamente por el *Presbítero y Doctor D. Benigno Rodríguez Pajares* en la cantidad de 12.266 pesetas y 75 céntimos, mediante compra interpuesta por su padre. Oviedo, 6 de julio de 1880. AB, leg. 25, doc. 5.

[12] Francisco Rodríguez Suárez, natural de San Cucufate de Llanera, redacta su testamento en la villa de Pola de Siero el 1 de agosto de 1884 a la edad de 59 años. Una parte de su patrimonio se dedica a obras de caridad y el resto se reparte entre sus hermanos y sobrinos. AB, leg. 25, doc. 7.

[13] Fichas de la Catedral de Oviedo relativa a Cecilio Rodríguez Pajares. Se agradece la colaboración en este estudio de su archivero Raúl Arias del Valle.

[14] En una escritura fechada el 10 de mayo de 1871 su padre establece una pensión de una peseta diaria pagadera trimestralmente, como dote obligatoria destinada s sus hijas, para cuya seguridad se hipotecan los bajos de la casa donde se encuentra la notaría en la calle del Sol. AB, leg. 25, doc. 3.

Ignacio Rodríguez Pajares fue el único de los hermanos que contrajo matrimonio. Desempeñó la carrera judicial como funcionario del Estado, para ejercer en varias localidades y culminar su profesión como magistrado de la Audiencia Territorial de Madrid. Se casó con María Angustias Bonifaz Álvarez, descendiente directa del primer almirante de Castilla Ramón Bonifaz, que a las órdenes de Fernando III el Santo conquistó Sevilla en el año 1248. Tuvieron como hija a Cecilia Rodríguez Bonifaz que se convirtió en la heredera natural de todos los bienes de la familia Pajares (Fig. 11).

2.1.2. Una carrera eclesiástica al servicio de la Iglesia

Benigno Rodríguez Pajares estudió la carrera eclesiástica en el Seminario de Oviedo, alcanzó el diaconado en 1868 y se consagró sacerdote un año después; se doctoró en Sagrada Teología y completo sus estudios con la licenciatura en Derecho Civil y Canónico. Como eslabones en su servicio a la Iglesia se pueden citar los siguientes nombramientos: canónigo y capellán mayor (1881), secretario de cámara y gobierno (1884), provisor y maestrescuela (1886), fabriquero (1893), vicario capitular (1904), vicario general (1905) y deán como presidente del cabildo (1907).[15]

Los vínculos del Deán Payarinos con sus superiores los obispos fueron amistosos, aunque no exentos de tensiones. Mantuvo una relación de una gran cordialidad con el obispo Benito Sanz y Forés (1868-1882) al que sirvió como secretario de cámara y gobierno. Este prelado, de costumbres sencillas destacó en la oratoria sagrada, participó en el Concilio Vaticano I, desarrolló una gran actividad en el campo de la catequesis y encargó el santuario de Covadonga al arquitecto alemán Frassinelli, para ser nombrado más tarde arzobispo de Valladolid y cardenal de Sevilla.

En cambio las relaciones, en el cargo de provisor y fabriquero, con el obispo fray Ramón Martínez Vigil (1884-1904), una figura extraordinaria desde el punto de vista intelectual pero de un carácter muy fuerte, fueron más tensas debido a algunas discrepancias y rivalidades. Los intentos de alejar al clérigo de la curia ovetense con el ofrecimiento de otros destinos, incluso en ultramar, no prosperaron, Pero los informes negativos del prelado, que con carácter reservado se dirigieron al nuncio, alcanzaron su objetivo para que no lograse la dignidad episcopal. Como contrapunto, la comunicación con el nuevo responsable

---

[15] Estos cargos, dentro del derecho canónico, no son incompatibles entre sí y pueden desempeñarse de forma simultánea e intermitente.

de la sede episcopal de Oviedo, Francisco Javier Baztán y Urniza (1904-1920), se caracterizó por la sinceridad y la fluidez. Durante el gobierno de este último prelado, Benigno Rodríguez Pajares alcanzó el deanato en 1907 para, ya convertido en magistral, ejercer una gran actividad al frente del cabildo y extender su influencia a toda la diócesis asturiana. Se pueden relatar algunos ejemplos de su participación en destacados acontecimientos religiosos que afectaron a la comunidad bajo su jurisdicción.

El 28 de abril de 1889 en la diócesis de Oviedo se produjo la recepción solemne de los venerables restos del protomártir asturiano fray Melchor García Sampedro de la Orden de Predicadores, que impulsado por su vocación misionera llegó a ser obispo de Tricomia y vicario apostólico del Tung-King Central, al norte de Vietnam. Sus huesos fueron horriblemente descuartizados por el hacha del verdugo y, después del martirio, la cabeza fue dividida en cuatro partes y arrojada al rio por los mandarines. Con posterioridad, el papa Juan Pablo II elevó al ya beato a los altares (1988).

Estos restos procedentes de Manila, a bordo del vapor Santo Domingo, desembarcaron en el puerto de Barcelona el día 3 de abril de 1889. Allí acudió Benigno Rodríguez, como provisor y vicario general al frente de una comisión, para recoger el preciado tesoro y trasladarlo en ferrocarril a su tierra natal. Asturias se volcó en el acontecimiento y para su recibimiento apoteósico el arquitecto Juan Miguel de la Guardia diseño los elegantes arcos de triunfo que el Consistorio ovetense costeó en varias calles de la ciudad. Todo ello se detalló en varis boletines eclesiásticos.[16]

Uno de los últimos actos públicos a los que asistió, anterior a su enfermedad y muerte posterior, se produjo con motivo de los actos oficiales que se realizaron el 12 de setiembre de 1916 para celebrar el XII aniversario de la Batalla de Covadonga. La Cruz de la Victoria, custodiada por los canónigos, Arturo Sandoval, Benjamín Ortiz y Benigno Rodríguez Pajares se trasladó en un landó al Palacio de la Diputación Provincial para que fuese contemplada por los reyes de España Alfonso XIII y su esposa María Victoria Eugenia.

Como consecuencia de los acontecimientos provocados por la huelga revolucionaria durante la Crisis de 1917, la *Huelgona* como se denominó entonces, que en Asturias se prolongó a lo largo de todo un mes, ante las precarias condiciones en las que se encontraba el antiguo cuartel de Santa Clara, por motivos de seguridad los militares se acuartelaron en el Seminario diocesano, que se proyectó años antes por el arquitecto diocesano Luis Bellido (1899-1903) y se debió a

---

[16] Benigno Rodríguez Pajares: *Crónica de la recepción solemne de los venerables restos del protomártir asturiano ILUM. y RMO. Fr. Melchor García Sampedro de la Orden de Predicadores Obispo de Tricomia y Vicario Apostólico de Kung-King Central*, Oviedo: Imp. Católica S. Juan 8, 1889.

la iniciativa de fray Ramón Martínez Vigil para acoger un novedoso centro de estudios teológicos.

Desde su puesto al frente del cabildo asiste a las presiones del ejército de infantería ante las autoridades eclesiásticas para la adquisición del edificio del Seminario diocesano, donde durante cuatro años conviven soldados y seminaristas. Esta propuesta suscita enfrentamientos entre los partidarios y opositores a su posible venta, que oculta en realidad intereses personales y cuya batalla afecta profundamente al obispo Francisco Javier Baztán. El acuerdo definitivo para su enajenación se produce en 1921, un año después del fallecimiento del que fuera deán.

2.1.3. El testamento ológrafo

Benigno Rodríguez Pajares falleció en Oviedo el 20 de abril de 1920. Unos meses antes había redactado su testamento ológrafo. Este documento privado escrito de puño y letra, de una gran precisión y muy novedoso como documento jurídico, refleja además sus profundas convicciones religiosas y una sólida formación en el campo del Derecho. El contenido de este testamento, después de un breve preámbulo biográfico, se articula en siete cláusulas donde indica el destino final de la fortuna de la saga familiar, para finalizar con el nombramiento y las firmas de los albaceas.[17]

La confesión de su cristianismo, los detalles del entierro y la celebración de los funerales constituyen los contenidos de las tres primeras cláusulas. En los dos apartados siguientes se dispone que una parte de su capital, cuidadosamente anotado en el libro de caja una vez liquidadas todas las cuentas, se destine a obras de caridad. Finalmente, en los dos últimos acuerdos, nombra como «señora y usufructuaria» del resto de los bienes a su hermana Isidora mientras ésta viviese y una vez fallecida la herencia pasaría en plena posesión a su única sobrina Cecilia Rodríguez Bonifaz.

Por expresa voluntad, su cuerpo amortajado con el hábito sacerdotal, se enterró en el cementerio de San Pedro de los Arcos y posteriormente sus restos se depositaron en el sepulcro familiar de la capilla de las ánimas de San Juan el Real de Oviedo donde yacían sus padres y hermanos. Este testamento ológrafo muestra el afán por elaborar sus propios documentos jurídicos, como licenciado

---

[17] El testamento ológrafo tiene como fecha el 22 de noviembre de 1919 y entre los albaceas figuran su hermano Ignacio Rodríguez Pajares y su amigo el canónigo de la catedral Paciente Méndez Mori. AB, leg. 25, doc. 10.

en Derecho Civil y Canónico. El carácter ecléctico del texto se refleja en la utilización de fórmulas tradicionales junto a ciertas innovaciones un tanto más modernas.

La herencia dejada por el finado Benigno Rodríguez Pajares con sus valoraciones consistía en lo siguiente: en el concejo de Oviedo muebles y ropas 5.000 pts., casa de la plazuela de Álvarez Acevedo núm. 8 60.000 pts., casas sitas en la calle del Sol núm. 2, 31.860 pts., calle del Rosal núm. 64, 28.800 pts. y calle de la Vega núm. 17, 19.080 pts.; en el concejo de Llanera dos casas, algunas huertas, un molino harinero, una panera, distintos prados, varias fincas labradías y un castañedo. El importe total de los bienes señalados ascendía a 147.487 pts. y 2 cts.[18]

2.2. PERFIL HUMANO E IDEARIO ARTÍSTICO

Las fuentes orales y las fotografías antiguas nos permiten aproximarnos al aspecto físico de Benigno Rodríguez Pajares: la elegancia de sus ademanes, la firmeza de su mirada y la gallardía de su pose evocaban a un cardenal del renacimiento italiano,; su mediana talla contrastaba con la gallarda estampa de otro miembro del Cabildo, el canónigo doctoral Joaquín de la Villa Pajares; la coincidencia en este último apellido hace que, según su estatura, los compañeros llamaran a uno *Payarinos* y a otro *Payarones* ya que no faltaba el sentido del humor[19] (Fig. 12).

Al desempeñar la maestrescolía, entabla una excelente relación con José María de Cos (1838-1919), al frente del deanato y futuro obispo de Mondoñedo, arzobispo de Santiago de Cuba y cardenal de Valladolid, en quien parece inspirarse, según algunos autores la figura de Fermín de Pas, el célebre magistral de la novela *La Regenta* escrita por Leopoldo Alas Clarín (1852-1901), cuyos dos tomos se publican en 1884 y 1885. La obra merece una dura réplica del entonces obispo Ramón Martínez Vigiel, con cuyo autor mantiene sin embargo una sincera amistad en la última etapa de su vida.[20]

Dentro del cabildo mantuvo una estrecha colaboración con el presbítero y

---

[18] Escritura de manifestación de herencia otorgada en Oviedo el 2 de junio de 1921donde se informa que la casa núm. 64 de la calle del Rosal representa una herencia de Casimira García Ordiales a favor de Benigno Rodríguez Pajares.

[19] Se conserva un retrato al óleo en poder de la catedral firmado por M. Busto y fechado en el año 1881.

[20] Datos proporcionados por la entrevista oral con el sacerdote centenario, ya fallecido, Luciano López García el 18 de mayo de 1985 en su domicilio particular de la calle Arzobispo Guisasola núm. 6-7D.

también escritor Paciente Méndez Mori, de una decidida vocación pedagógica y autor entre otras obras de una biografía del *Emmo. Sr. Cardenal Sanz y Forés Obispo de Oviedo (1868-1882)*. Ambos fueron nombrados canónigos en el año 1881 y colaboraron con eficacia en las labores de propaganda de la *Catequesis de la Diócesis* y del *Catecismo de Niños* en Oviedo. Es el único canónigo que fue nombrado albacea en el testamento ológrafo de Benigno Rodríguez Pajares.[21]

En definitiva, presenta un carácter afable, bastante abierto para su tiempo, enérgico en sus decisiones y de una educación exquisita, fruto de su formación intelectual, que hace que no tenga choques con el resto del clero. Desde el punto de vista social goza en Vetusta de una gran reputación, sin generar contra él pasiones personales. Por lo demás su vida trascurre con normalidad, alterna el trabajo en la oficina episcopal y las sesiones con la Colegial, con las tertulias en la tienda de velas de cera para santos de la calle Santa Ana, donde disfrutaba largos ratos con la conversación.

Preparaba cuidadosamente las pláticas de la catedral de San Salvador. Se conservan algunos de sus textos en los que se puede apreciar una caligrafía apretada y menuda con la prosa un tanto artificiosa del siglo xix. Según los testimonios orales del momento sus palabras eran mucho más sencillas y emotivas cuando tenía que improvisar en peregrinaciones o actos imprevistos. Debido al desempeño de sus distintos cargos, también se veía obligado a redactar una infinidad de informes, notas de prensa e incluso la elaboración de crónicas sobre acontecimientos religiosos.

Como escritor sus temas favoritos fueron los arqueológicos y artísticos, para mostrar una verdadera pasión por la arquitectura. Por sus extensos conocimientos en estas materias fue nombrado académico correspondiente de la Academia de Bellas Artes de San Fernando. Escribió numerosos artículos en el periódico católico ovetense *La Unión*, y colabora además con otras publicaciones. Realiza una serie de anotaciones a las distintas ediciones de la obra *Lecciones elementales de Arqueología cristiana*, cuyo autor es José de la Roza y Cabal.[22]

El análisis de la biblioteca personal del Deán Payarinos es muy significativo para conocer su mentalidad y preferencia. Ocupaba una de las piezas principales del palacio con vistas a la Corralada del Obispo. Los muebles, mesa del despacho y estanterías en madera de nogal fueron diseñados por el establecimiento

---

[21] Paciente Méndez Mori: *Apuntes para la Historia de la fundación y propagación de la Catequesis de esta Diócesis de Oviedo y para la del Catecismo de niños*, Oviedo: Imprenta La Cruz, 1922. Reproduce una interesante fotografía de Benigno Rodríguez Pajares como deán.

[22] José de la Roza y Cabal: *Lecciones elementales de Arqueología cristiana*, Oviedo: Imp. del Asilo de Huérfanos de S. C. de Jesús, 1899, 3.ª ed. corregida, aumentada y terminada por el M. I, Sr. Dr. D. Benigno Pajares.

ovetense Casa del Río. La mayor parte de los libros se encontraban cuidadosamente encuadernados en piel y se agrupaban en cuatro grandes apartados: publicaciones de carácter religioso, derecho canónico, arte y arqueología, además de periódicos y revistas ilustradas de la época.

Dentro de los distintos apartados se pueden aducir algunos títulos como meros ejemplos: *Disqvisitionvm Magicarvm livri sex*, auctore Martíno Delrío, MDCIII; *Bibliotheca Canónica Iuridica Moralis Theologica*, dirigida por F. Lucii Ferrari en ocho tomos, Romae: ex typografhia pollyglotta Propaganda Fide, MD.C.C.C.V.; *Las Glorias Españolas* por Carlos Mendoza e ilustrada por magníficas cromolitografías y grabados originales, Barcelona: ed. Ramón Molinas, 1892. También figuraban las obras de San Agustín en latín, numerosos incunables y una edición antigua del Quijote.

El seguimiento del Concilio Vaticano I (1869-1870), cuyo inicio coincide con su consagración como sacerdote; todo lo referido al Derecho Civil y Canónico donde se licencia y se encuentra relacionado con sus distintos cargos eclesiásticos; y la consulta de abundantes ediciones de arqueología y arte, ya que en su etapa como fabriquero colabora activamente con los arquitectos diocesanos, Luis Bellido y Emilio Fernández-Peña (1909-1920), en la conservación, alhajamiento y creación de templos de nueva planta, representan algunos de sus temas preferidos.

2.3. LA LABOR DE MECENAZGO

2.3.1. El santuario de Covadonga

Como vocal de la comisión de monumentos y miembro correspondiente de la Real Academia de Bellas Artes de San Fernando, desde su cargo de fabriquero de la catedral, participa activamente en la mayor parte de los proyectos y polémicas arquitectónicas de la iglesia, durante estos años en los que se acentúa su protagonismo social al amparo del régimen político de la Restauración. También favorece la dotación litúrgica de los templos con frecuentes donaciones, como la cruz procesional de plata maciza que actualmente se conserva en la parroquia ovetense de San Isidoro.

La portada de su palacio en la Corralada se convirtió todos los jueves del año en una nueva *Puerta de la Limosna*, ya que fue el día elegido para atender las necesidades de algunos menesterosos. Instituyó distintas becas y ayudas económicas para seminaristas que quisiesen seguir la carrera sacerdotal. Pero la mayor cuantía de sus donaciones se dirigió a la construcción de templos como el de

San Juan el Real de Oviedo. En el impulso del santuario de Covadonga, jugó un papel decisivo la fructífera y discretísima colaboración que mantuvo con el piadoso obispo Benito Sanz y Forés.[23]

Para este templo el arquitecto ilustrado Ventura Rodríguez realiza en el siglo XVIII un proyecto muy interesante que se caracteriza por el juego entre las formas clásicas y el contenido barroco. En al año 1877 se emprende un nuevo diseño arquitectónico cuya parte técnica se encarga al arquitecto diocesano Lucas Palacio, pero donde va a ser decisiva la participación del dibujante y arqueólogo alemán Roberto Frassinelli. En tiempos del obispado de Ramón Martínez Vigil se encarga la revisión de la obra a Francisco Aparici, que realiza algunas modificaciones y la culmina en 1901.[24]

Como notas de este templo se pueden señalar las siguientes: en primer lugar, una reinterpretación romántica del estilo románico, más exógeno que local, donde la tradición germana se refleja en el *west-weerk* y la Escuela de Normandía en el impulso de elevación casi ojival; en segundo lugar, un emplazamiento teatral en lo alto de una loma, con su ropaje de caliza rosa en medio de una vegetación verde, cuyo paisaje se transfigura al modo del de una pintura del alemán C. D. Friedrich; y finalmente, ofrece un simbolismo monárquico y nacionalista propio del régimen de la Restauración.

A las cuestiones artísticas se une el problema económico. Para la recaudación de fondos se organizan colectas populares, y se recurre a todo tipo de iniciativas. Incluso la reina Isabel II desde su exilio, como demuestra la correspondencia de puño y letra, prestó su colaboración a este proyecto. Desde la parroquia del Santo Cristo del Buen Viaje en la Habana, su tío el presbítero Manuel Rodríguez informa de las dificultades de conseguir ayudas para el santuario, debido a la difícil coyuntura de la isla de Cuba. El propio Deán contribuye además con aportaciones personales para su dotación.[25]

[23] Toda la correspondencia en torno a impulsar el santuario de Covadonga y la referida a captaciones, donativos y colectas Benigno Rodríguez Pajares la conservaba en su casa de la Corralada.

[24] José Fernando González Romero: *El arte rococó y su presencia en España*, Gijón: Ediciones Trea, 2022, pp. 71-75.

[25] En una carta de agradecimiento fechada en Covadonga el 19 de marzo de 1888, los canónigos Máximo de la Vega y Francisco Noriega, en nombre de la Corporación de Covadonga, agradecen al provisor y maestrescuela de la S. I. C. D. Benigno Rodríguez Pajares el donativo de un cáliz para la Santa Cueva. AB, leg. 15, doc. 13.

2.3.2. Polémica en torno al coro catedralicio

La *Sancta Ovetensis*, como otros templos españoles, se caracteriza por la fragmentación espacial: tanto de su volumen, por el añadido de cuerpos como el del claustro o las múltiples capillas en las que se reproduce la iglesia madre; como de su interior a través de los retablos y las verjas que individualizaban los distintos espacios y, sobre todo, por el coro ubicado en el centro de la nave mayor frente a la vía sacra, custodiado por dos grandes órganos musicales, dotado de balcones para la escolanía y rodeado do por múltiples altares como el de la Virgen de la Luz en el trascoro.

A Parcerisa se debe un grabado del interior de la *Sancta Ovetensis* (h. 1870) con una perspectiva del coro antes de su desmantelamiento: en primer plano, peregrinos del Camino de Santiago se arrodillan ante la imagen de San Salvador (siglo XIII) que escucha sus oraciones, los bendice con la mano derecha y sostiene la esfera celeste en la otra; en segundo plano, un fragmento de la vía sacara se cierra por una rejería ojival tras la cual se despliega la sillería coral (siglo xv); y finalmente, la caja rococó (h. 1751) de uno de sus dos órganos vuela hacia lo alto para engarzarse con el triforio (Fig. 13).

Desde su cargo de fabriquero, como encargado de las obras y reparaciones en la fábrica catedralicia, participa en la polémica en torno a la eliminación y traslado del coro capitular ubicado en el centro de la nave principal. La mayor parte del colegial, con su propio respaldo, defiende la permanencia en su lugar tradicional como corazón musical de la catedral; dinamizador de un riquísima liturgia, que evita que una catedral sea una mera iglesia muy grande, y contenedor de un importante conjunto de obras de arte, donde destaca una de las sillerías ojivales del siglo xv más bellas de Europa.

Frente a esta posición existe una postura contraria, muy de moda en aquel momento histórico, encabezada por el obispo fray Ramón Martínez Vigil que acusa al coro de embarazar el recinto catedralicio, impedir la afluencia masiva de los fieles a las celebraciones litúrgicas y no dejar disfrutar de una mejor visibilidad de sus trazas arquitectónicas y del retablo mayor. El afrancesamiento, que contamina a toda la arquitectura ovetense, afecta a su catedral, que aspira a un templo desnudo y aislado en su urbanismo como sus congéneres allende los Pirineos.

Entre ambas posiciones antagónicas se elige el arbitrio del arquitecto Juan Miguel de la Guardia que mantiene una posición un tanto ambigua: defiende, que en caso de hacerse las obras, el desmonte y traslado de todos los componentes del coro se haga con sumo cuidado. El obispo escucha las alegaciones del capítulo, los canónigos besan el anillo episcopal, el coro se desmonta y parte de sus elementos artísticos se pierden para siempre (h. 1900). Una litografía de F. J. Parcerisa muestra todavía intacto el trascoro en 1857 con su recinto repleto de fieles (Fig. 14).

2.3.3. San Juan el Real

Como vicario general contribuye de manera activa en la construcción del templo de San Juan el Real en Oviedo. El sacerdote ya centenario, Luciano López García, relata la siguiente anécdota sobre su manera de actuar: «en tiempos del episcopado de Francisco Javier Baztán, el seminario de Valdediós envía al prelado unos dineros sobrantes; al preguntar el señor obispo por dicha cantidad se le hace saber que fue a parar a manos del provisor. *¡Nos quedamos sin dinero!*, exclamó con un gran pesar». En efecto, su destino acaba en el citado templo ovetense.

El proyecto, diseñado en 1902 por Luis Bellido, se presenta a la Exposición Nacional de Bellas Artes de 1906, donde recibe los máximos elogios. En cuanto a su estilo, se trata de una reinterpretación modernista del arte bizantino, patente en la cúpula sobre pechinas decorada con cerámica vidriada, la textura de materiales con el empleo de una impecable cantería de piedra rosa y unas líneas dinámicas en expansión. Una de las capillas de las ánimas de este templo es el lugar elegido para colocar el sepulcro donde reposan los restos fúnebres de la familia Pajares.

La solemne inauguración del templo se realizó el 24 de junio de 1915. Aunque todo aquel día no paró de llover, la afluencia del público fue masiva y no por ello se interrumpió la procesión que con tal motivo se había proyectado. El obispo de la diócesis ovetense, Francisco Javier Baztán, procedió a bendecirlo y a continuación se celebró una misa de medio pontifical que oficiaron el deán, vicario y provisor general Benigno Rodríguez Pajares asistido de los sacerdotes Eladio Espina, párroco de San Isidoro y Bernardo Rodríguez, ecónomo de Santa María la Real de la Corte.[26]

---

[26] Pedro Gómez Fernández y Fernando Rubio: *Parroquia y templo de San Juan el Real d Oviedo*, Oviedo. Gráficas Summa, 1980. Esta obra recoge las notas que en el *Libro de Fábrica* realizó Pedro Gómez Fernández, párroco de este templo, desde el 20 de abril de 1911 hasta dos años después de su nombramiento como canónigo de la catedral de Oviedo el 1 de diciembre de 1928, p. 31.

La casa del Deán Payarinos.
Sinestesia entre música y arquitectura

3.1. URBANISMO Y CONSTRUCCIÓN

3.1.1. La cuestión financiera

La pasión por la arquitectura del Deán Payarinos tiene su máxima expresión en la realización de su propia casa, emprendida a raíz de la muerte de sus padres. El lugar elegido para su edificación es el solar de la Casa del Chantre, en estado de ruinas, frente al palacio episcopal en la plazuela de Álvarez Acebedo. Se elige un emplazamiento cargado de historia a la sombra de la catedral y se desechan otros solares posibles en el barrio de Uría. El proyecto se encarga a Juan Miguel de la Guardia (1899), que lo diseña en 1900, al año siguiente se derriba el edificio anterior y se inicia la obra[27] (Fig. 15).

Se plantea el problema de la financiación de la casa, ya que los cargos ecle-siásticos que desempeña el Deán no se corresponden con sus emolumentos económicos y éstos por sí solos son insuficientes para emprender una obra de tal envergadura. La fuente básica de financiación hay que buscarla en la herencia que recibe la familia a la muerte de su padre en 1896, cuya notaría en la calle del Sol, le había proporcionado una saneada fuente de ingresos. También es preciso tener en cuenta la confluencia patrimonial de los numerosos miembros consagrados a la vida religiosa.[28]

Se trata de las herencias correspondientes al notario Ramón Rodríguez, a sus hermanos los sacerdotes Francisco y Manuel y a su esposa Ramona Pajares. De los siete hijos, Gumersiindo exige en vida la hijuela, Regina y Ángela como monjas de clausura reciben su dote y una pensión vitalicia. El montante de la

---

[27] José Ramón Tolivar Faes: *Nombres y cosas de las calles de Oviedo*, Ayuntamiento de Oviedo, 1992.

[28] La *Casa del Chantre* la compró Benigno Rodríguez Pajares a Pedro y Mariano Costales García Jovellanos en virtud de una escritura dada el 10 de julio de 1889 a testimonio del notario que fue de Gijón Evaristo Prendes.

herencia, que incluye entre otros bienes dos edificios en las calles ovetenses del Sol y la Vega se reparte entre los eclesiásticos Benigno y Cecilio, Ignacio el magistrado e Isidora que permanece soltera y como su administrador universal se designa al Deán.

En la majestuosa imagen del edificio ejerció una influencia decisiva el arquitecto municipal Juan Miguel de la Guardia con su doble concepción de la arquitectura, tradicional y moderna al mismo tiempo: por un lado, como generadora de formas grandiosas que contribuyen al ornato público; y por otro lado, como un elemento modernizador capaz de actuar sobre la sociedad y contribuir a su transformación. Además, el Deán, a través de una serie de anotaciones y bocetos personales, contribuye a la mejoría y el perfeccionamiento del proyecto final.[29]

En el estudio del palacio de la familia Pajares, dentro del análisis del detalle, en el vaciado de los distintos contenidos se mantiene el vocabulario utilizado por Juan Miguel de la Guardia en algunas de sus memorias y proyectos arquitectónicos, que dentro del lenguaje del momento, se corresponden con los siguientes apartados: urbanismo, construcción, decoración y distribución. En este recorrido, se analiza su localización en el plano de la ciudad, su significado urbanístico dentro de la misma, los materiales utilizados, el papel del ornato y la disposición interna.

3.1.2. Dimensiones urbanísticas

Este proyecto es la ocasión elegida por el arquitecto municipal para iniciar una profunda reforma de la plazuela y lograr su ampliación mediante el derribo de la manzana de casas que la separan de la calle Canóniga. Se pretende de esta forma conseguir un ámbito de «digna importancia», para ganar en «viabilidad general y salubridad» al bajar la presión urbanística por la «disminución de su hábitat». Todas estas cuestiones urbanísticas se plantean en el expediente que en 1899 se instruye a instancias de Benigno Rodríguez para fijar línea a la casa núm. 1 de la Plaza Álvarez Acebedo.[30]

El solar de la antigua Casa del Chantre, sobre el que se proyecta la casa de la familia Pajares, se adelantaba en forma de martillo rectangular sobre la plazuela entre las calles de San Vicente y San José. Para fijar la línea de la nueva

---

[29] El arquitecto Juan Miguel de la Guardia firmó el proyecto en Oviedo el 1 de abril de 1900. AMO, s. 1, an. 1, leg. 3, doc. 9.

[30] Expediente instruido a instancias de D. Benigno Rodríguez Pajares para fijar línea a la casa núm. 1 de la plaza de Álvarez Acevedo 26 de octubre de 1899. AMO, s. 1, an. 1, leg. 3, doc. 8.

edificación cabían tres soluciones: expropiar una pequeña parte del terreno, para favorecer la alineación con las citadas vías; ocupar todo el terreno disponible, sin originar ninguna alteración; o dentro de una solución intermedia, recortar las esquinas para disponer dos grandes rotondas de estilo modernista, uno de los recursos favoritos del arquitecto y su solución.[31]

Frente al palacio episcopal se alza la casona del Deán con su fachada orientada al oeste. Es el palacio de nueva planta más moderno y lujoso de la ciudad en torno a 1900. El almohadillado de su planta baja no desentona con el de la portada de su rival situado justo en el lado opuesto; los balcones de hierro del *piano nobile* armonizan con los del claustro catedralicio; y las vidrieras polícromas de los miradores laterales, que se adaptan a las curvaturas de las rotondas, evocan las superficies translúcidas del claristorio de la sede catedralicia.[32]

La enorme casa señorial es motivo de murmuraciones en Vetusta. Su situación, justo enfrente del palacio episcopal, se atribuye a rivalidades entre el canónigo y el obispo al que quiere emular. De sus grandes dimensiones en relación con la mediana estatura de sus moradores procedería el sobrenombre con que se la conoce: ¿para qué querían una jaula tan grande unos *payarinos* tan pequeños?, se preguntaban los ovetenses no sin cierta malicia. De esta forma, se contamina el apellido Pajares con el diminutivo asturiano de pájaros, para dar lugar a la denominación actual.

En la casa del Deán se pueden resaltar una serie de aspectos urbanísticos muy interesantes: es un edificio que no sólo se proyecta para estar en una plaza, sino también para que contribuya a configurarla; es decir, hay una previsión de derribar una parte del caserío existente para ampliar la Corralada y el palacio debe adaptarse a ese espacio futuro que cristaliza en la actual Corrada del Obispo. Su arquitectura y la ampliación del recinto sobre la que se proyecta han de resaltar la magnificencia y las perspectivas del volumen zaguero de la catedral.

Muy originales son las rotondas curvas de los extremos abrazados por miradores modernistas de vidrieras de colores. Se trata una vez más el tema de las esquinas burguesas: «al mismo tiempo que dan motivo a formas arquitectónicas de mayor grandiosidad para el edificio contribuyen a dar más cumplida satisfacción a las exigencias de ornato público», según el propio arquitecto. Actúan además como fachadas de las calles laterales San Vicente y San José; facilitan

---

[31] Ana María Herrero Montero: «El arco de San Isidoro de Oviedo. La destrucción del patrimonio monumental ovetense en el primer tercio del siglo xx», *Liño*: Revista Anual de Historia del Arte, núm. 23, 2017, pp. 86-87.

[32] La mayor parte de las vidrieras de los miradores se han perdido. Una atenta restauración podría intentar su recuperación.

el paso de los viandantes por la acera; y conectan el palacio con las casas de sus medianeras[33] (Fig. 16).

Los bajos comerciales por su extensión constituyen otra novedad de esta casa señorial en relación con los antiguos palacios de la nobleza que por lo general carecían de ellos. Son un elemento de aburguesamiento ya que pueden proporcionar una fuente de ingresos complementarios a los emolumentos de sus propietarios. Se abren a la plaza a través de arcos escarzanos que son los que desde un punto de vista funcional permiten una mayor amplitud de los huecos, además la utilización de columnas de fundición en su estructura arquitectónica multiplica la diafanidad de estos locales.

Los miradores, que empiezan a proliferar en la ciudad en el último tercio del siglo XIX, alcanzan en las rotondas de las esquinas una gran extensión, para formar auténticas cortinas de cristal, que desmaterializan los muros. Desde estos lugares las miradas pueden ser más discretas al no poder ser observadas desde el exterior. Amplios balcones también se abren a una plaza y unas calles cada vez más animadas debido al creciente número de vehículos y peatones. Como material se empieza a desechar el hierro debido a su oxidación y se utiliza como armadura la madera.

En la fachada, el pórtico central contribuye a jerarquizar el conjunto. Los distintos niveles que lo componen se disponen en perspectiva, para tratar de producir una acentuación ilusionista de sus verdaderas dimensiones, y se corona con un ático, que al sobresalir sobre el antepecho de la cornisa, actúa como faro anunciador del palacio. Se trata de un recurso arquitectónico muy utilizado en el manierismo italiano que tiene su culminación en las denominadas perspectivas en embudo y el arte modernista reinterpreta con sutileza.

3.1.3. Construcción y materiales

El arquitecto Juan Miguel de la Guardia se caracteriza por un profundo conocimiento, tanto de las técnicas y materiales tradicionales, muchas de ellas casi artesanales, como de las nuevas tecnologías y recursos fruto de la revolución industrial, especialmente del hierro fundido, la piedra artificial y el vidrio masivo. Sorprende su habilidad en la combinación de distintos procedimientos, que muchas veces se antojan antagónicas. La creciente industria asturiana empieza a

---

[33] Informe del arquitecto Juan Miguel de la Guardia contenido en el expediente ya citado para fijar la línea de la casa.

ser capaz de suministrar todo tipo de recursos con precios competitivos al sector de la construcción.

La estructura en esqueleto, tanto en acero como en hormigón armado, no se dominaba lo suficiente en aquellas fechas. Los paramentos de carácter portante y los gruesos muros de carga cumplían una función esencial en las estructuras de las construcciones. Pero gracias al empleo de procedimientos como las columnas de hierro fundido, que solían combinarse con bovedillas catalanas de revoltón para los forjados, las fachadas podían rasgarse, sin perder su estabilidad, con grandes vanos acristalados que llenan de luz los interiores.

Los trabajos de cubicación se inician con las excavaciones de las zanjas para los cimientos que se rellenan de mampostería y mortero. Sirven de asiento para la fachada realizada en cantería; el gran muro testero de mampostería y cemento, que corre paralelo a la misma, y linda con el jardín interior; y los tabicones que acogen la caja de escalera. Completan las obras de fábrica los tabiques dobles y sencillos a un asta y media asta. Todo ello se completa con una estructura en esqueleto mediante columnas de fundición, que liberan en parte a los muros de su función portante

En efecto, entre los dos grandes elementos estructurales del edificio, la fachada y el muro maestro se realiza una estructura formada por columnillas de hierro fundido, acanaladas en sus fustes y coronadas por capiteles corintios, que deja una planta libre en los bajos comerciales y sostienen un sistema de bovedillas de laderillo a la catalana sobre las que se asienta el piso de vivir. El espacio comprendido entre las bóvedas y los forjados se rellena de arena, con una componente silícea, para evitar los roedores, amortiguar el ruido y servir de aislamiento de la humedad.

Especial interés reviste la construcción de la fachada donde se pone un especial esmero en la búsqueda del *decoro* a que obliga su localización a la sombra la catedral, de aquí la calidad de los materiales y su articulación en tres estratos diferentes: la parte interior es de sólida mampostería; la capa externa utiliza piedra de cantería lisa y tallada según las zonas, además de una caliza blanca presente en los recercados de los huecos y otra marmórea de color gris azulada. Entre ambos estratos se extiende una lámina de plomo que funciona como aislamiento de la humedad y el ruido exterior.

En los miradores que abrazan las rotondas, los bastidores de madera enmarcan vidrieras de colores, dentro de una interpretación culta del mirador popular asturiano adaptado a las inclemencias del tiempo propias del clima regional con sus inconfundibles días grisáceos. Tras la cornisa que remata la fachada, coronada por una balaustrada e interrumpida por el ático con su consiguiente frontón, se despliega el tejado a varias aguas cubierto de teja española que se sirven de canalones de cinc para desalojar las cubiertas en los momentos de lluvia.

Las obras de albañilería completaban la de fábrica y cantería. El cielo raso se utilizaba para los techos y el yeso para las molduras interiores, tanto sencillas como especiales. Estas últimas se moldeaban para formar complejos arabescos y cenefas con decoración floral En los suelos se empleaba el mármol, la madera noble u ordinaria, el baldosín o los azulejos según la importancia de las piezas. La pintura al temple y al óleo predominaba en las habitaciones del interior. En todo caso, los materiales utilizados para vestir los interiores de la casa eran todos de alta calidad.

Muy importante era la carpintería: por un lado, la de armar se empleaba en las cubiertas con sus tirantillas, tornapuntas, aguilones y pendolones en los pares, tirantes y jabalcones y también en las vigas y entablonados; por otro lado, la de taller se usaba en los bastidores de miradores y galerías, entarimados, librillos, puertas de una hoja o dos hojas y zocalillos. El pino rojo del norte, el castaño y el nogal eran las maderas preferidas. Como accesorios había que destacar, entre otros elementos, las rejas artísticas, los cristales biselados y los herrajes de bronce de las puertas.

3.2. EL ORNATO Y SUS FUNCIONES EN EL ESPACIO EXTERNO

La decoración del espacio externo del edificio, el conjunto de adornos, no sólo desempeña un papel meramente decorativo, tiene también una misión *estructural*: las ménsulas y los modillones sostienen balcones y miradores; los guardapolvos protegen, como si se tratasen de cejas, los ojos que forman los huecos de los ventanales; la cornisa protege la fachada de carácter portante y el sistema de pilastras refleja las líneas estructurales del edificio. Es verdad, que con la aparición de las estructuras modernas en esqueleto de acero y hormigón armado esta función pierde en parte su sentido.

Una segunda función sería de tipo *parlante*: el ornato comunicaba a quienes lo contemplan la posición social de los inquilinos del palacio, su poder económico y gusto refinado, ya que reflejaba como un espejo el ambiente exquisito y culto de su interior. En el proyecto original los dos medallones, inscritos en los frontones semicirculares del balcón corrido central, figuraban con la iniciales B. y R. de Benigno Rodríguez, que proclamaban el origen burgués de la familia y cumplían una función similar a los escudos heráldicos de las antiguas casas de la nobleza.

Pero además la decoración de la fachada se concibe como una *partitura musical* con su armonía, ritmo y melodía. Se trata de producir una sensación placentera y sensorial a quienes la contemplan. Propias del modernismo son las asociaciones de sinestesia, como la adopción de *correspondencias* musicales y arquitectónicas; y también la *metamorfosis*, donde las funciones se vuelven ambivalentes, a modo de ejemplo, la clave con un rostro femenino sobre el arco del medio punto del portal de entrada se fusiona de una forma sofisticada con la ménsula del balcón superior (Fig. 17).

Desde un punto de vista vertical la composición general se articula, de abajo arriba, de la siguiente forma: un almohadillado a soga recorre la planta baja, interrumpido por el arco de medio punto del portal y los arcos escarzanos de los bajos comerciales. Un zócalo liso en la parte inferior sirve de transición con el suelo y un sistema de modillones, que a modo de triglifos dejan espacios rectangulares que simulan metopas, unifica la planta baja con el piso de vivir. En el extremo izquierdo, un gran portón anuncia el cuerpo del garaje en un plano retranqueado al fondo de la calle.

En el *piano nobile* destacan los huecos pareados del pórtico central unidos por un balcón corrido y abalaustrado, flanqueados por dobles pilastras y rematados por un juego manierista de arcos y dinteles; los vanos individualizados de los paños laterales, que destacan sobre los paramentos lisos, se encuentran enmarcados por guardapolvos de arcos rebajados, jambas apilastradas y balcones de hierro forjado sobre alféizares; finalmente los miradores acristalados de las esquinas reciben una armadura de madera cuyos montantes dibujan una tracería de gusto modernista.

El coronamiento se compone de una transparente balaustrada que se alza sobre una cornisa sostenida por modillones. Estos elementos voladizos, unidos por una faja de dentellones, alcanzan en su base la máxima sofisticación al transformarse en triglifos estriados para formar una especie de friso. La horizontalidad se rompe con el ático central, flanqueado por sendos leones rampantes y un par de jarrones, que amojonan las dobles pilastras del balcón principal. Este templete, con su doble vano, se cobija bajo un frontón partido acentuado por una acrótera.[34]

En la década de 1950, cuando la casa se encuentra ocupada por un oftalmólogo, se decide ampliar la vivienda que ocupa el ático, lo que obliga a modificar su frontis: se amplían sus aletas laterales con la retirada de sus volutas a modo de leones rampantes; los jarrones que amojonan las dobles pilastras del balcón principal pierden su carácter exento; y finalmente, durante la rehabilitación del conjunto como sede del Conservatorio de Música (1985), se incorpora al

---

[34] En el proyecto original figuraba un antepecho ciego y corrido que fue sustituido en obra por una balaustrada de cemento, traducida a piedra en la última rehabilitación.

frontón el escudo de Asturias. Con estas modificaciones el remate del edificio pierde parte de su ligereza.

La disposición horizontal de la fachada se articula en cinco órdenes. El pórtico, jerarquiza la composición y a sus distintos elementos de inspiración clásica, como arcos y frontones, se les aplica la perspectiva tridimensional para disminuir sus proporciones de manera progresiva al ascender por los distintos pisos. A ambos lados del mismo, dentro de una simetría bilateral, se disponen los bajos comerciales en la planta baja y la vivienda en la principal. Las rotondas de los extremos, a uno de los cuales se añade el garaje con su arco triunfal de acceso, completan el conjunto.

En la consecución de la *euritmia* es muy importante el sistema de enlaces entre las distintas partes. De gran sutileza son las conexiones horizontales de los pasamanos en los balcones por medio de finos baquetones y de los alféizares, que les sirven de basa, unidos mediante molduras estriadas; los dos frisos de modillones y metopas, a modo de cadenas, abrazan el conjunto de la fachada en sus dos alturas En sentido vertical, las ménsulas que sostienen el balcón corrido y los miradores muerden el almohadillado de la planta baja y las pilastras atan los distintos niveles del alzado.

Otro elemento a tener en cuenta es el sentido del *ritmo*: ménsulas y modillones se disponen como un contrapunto; se mantiene una *isocefalia* en arcos y frontones; la repetición de los elementos decorativos varía armónicamente según los distintos órdenes; los perfiles de miradores y ventanales se caracterizan por su elegancia lineal; y el *piano nobile* de la fachada resulta poco acentuado, con una sutil superposición de planos formados por la superficie lisa del fondo, el sistema de pilastras muy aplanadas y los balcones y miradores un poco más salientes.

El estilo artístico utilizado se caracteriza porque los elementos decorativos procedentes del renacimiento italiano y el clasicismo francés, se reinterpretan dentro de un naturalismo lírico que comienza a disolverse como un canto de cisne en el modernismo, que resulta especialmente patente en los miradores de las rotondas, que con sus armaduras de vidrieras de colores ponen una nota de alegría en la bicromía blanca y gris del resto del palacio, y en la clave con una carátula femenina y tallos florales que da la bienvenida desde el portal de entrada.

3.3. DISTRIBUCIÓN Y ESPACIO INTERIOR

El palacio del Deán Payarinos sufrió un proceso de degradación como consecuencia de la pérdida de su primitiva función como casa señorial, para convertirse en una carga insostenible para los herederos. En los años de la denominada transición democrática, pasó de manos privadas a propiedad pública y se procedió a su rehabilitación como conservatorio de música. Se salvó en parte su volumen externo como la fachada, pero se perdió para siempre su mágico espacio interno que se sumó a la desaparición de otras residencias palaciegas de la ciudad.

A través de fotografías antiguas, recortes de prensa, algunos restos conservados y los recuerdos que guardan sus anteriores propietarios, se puede intentar la reconstrucción ideal del espacio interno en la actualidad perdido. Unos ámbitos que recogen un fragmento de intrahistoria y vida familiar ya irrecuperables. Enseres unidos a unas vivencias que se disuelven en la nostalgia y el olvido, que las presentes líneas tratan de evocar aunque solo sea de una forma fragmentaria, impresionista al reducirse a una mera pincelada y virtual al adquirir una presencia casi fantasmal.

En la planta baja sobresalía el portal que anunciaba la escalera principal. En el zaguán de entrada destacaban las grandes cartelas adosadas a las paredes, realizadas en un granito pulimentado que imitaba el mármol. Las puertas con arcos escarzanos, que flanqueaban el acceso a la vivienda, conducían a los bajos comerciales de planta libre, gracias al uso de columnas de hierro. La cochera, adosada lateralmente al cuerpo del palacio, comunicaba con una escalera secundaria de servicio. En la parte interior, colindante con el jardín zaguero, se encontraban la cochera y la carbonera.

La planta noble con sus apartamentos, destinada a piso de vivir, se articulaba en dos grandes crujías, vertebradas por un enorme pasillo, que al seguir el ritmo de la fachada, se curvaba en los extremos. La escalera principal, según el modelo imperial propio de la tradición española y realizada enteramente en madera de nogal, daba acceso al interior del palacio. Se elegía como estilo el neo-islámico, inspirado en la Alhambra de Granada. Todo ello respondía a un arte modernista, que trataba de huir de la vulgaridad, y buscaba efectos sorprendentes de originalidad y refinamiento (Fig. 18).

Destacaban las vidrieras policromadas, que imitaban alfombras orientales con sus arabescos, sitas en lo alto del muro testero y en la claraboya del techo Las pinturas al fresco sobre las paredes representaban escenas populares de Al-Ándalus Eran obras de mediana calidad realizadas por el pintor valenciano Amador Juesas Sebastiá. En la meseta superior, donde finalizaban los ramales laterales con sus escalones, se encontraban dos puertas separadas por una cancela de hierro forjado, a través de la cual, la luz cenital de la escalera iluminaba la parte central del pasillo[35] (Fig. 19).

---

[35] Una característica del modernismo es la integración entre las artes mayores y las mal denominadas artes menores.

En cuanto al programa de necesidades, por un lado, había que destacar los apartamentos o cuartos privados, correspondientes a los distintos miembros de la familia Pajares con sus espacios servidores y, por otro lado, las habitaciones de carácter más social o representativo. La decoración que se desplegaba en estos interiores presentaba un carácter ecléctico, es decir, la utilización de distintos estilos a la carta al servicio de las clases acomodadas del momento, donde se conjugaban tradición y modernidad.

La sala de recibir con una pintura en el techo que representaba varios angelotes, recibía una decoración isabelina tipo Luis XV. En el salón de música de estilo italiano, destacaban la mesa de juego en madera de nogal con sus patas torneadas y el piano de concierto, fabricado en 1903 por la firma Guarro Hermanos. El comedor de ambiente español, con un artesonado que recordaba la tradición mudéjar, se abría al fumador con unas vidrieras de colores, cuyos motivos vegetales, con una acusada influencia *art nouveau*, destacaba por sus líneas en forma de *coup de fouet*[36] (Fig. 20).

La capilla neogótica, que contaba con su propia sacristía, estaba presidida por una representación de la *Dolorosa* con una corona y su correspondiente puñal de plata. Su ajuar se completaba con dieciocho alhajas, decoradas con piedras preciosas y perlas de las que formaba parte un peto y un escapulario, entre otras piezas. Esta imagen de exquisita policromía estuvo durante muchos años en la capilla de la Virgen del desaparecido convento de San Francisco sito en la calle Fruela de Oviedo y constituía una buena muestra de la imaginería barroca en su fase rococó[37] (Fig. 21).

La sacristía, un espacio servidor anexo a la capilla, albergó dos albas, una de lino blanco y otra de encaje tejido por las monjas del vecino convento de San Pelayo; un amito; cuatro casullas, «encarnadas, blancas, moradas y negra», una de las cuales se caracterizó por sus corazones bordados en relieve; una pililla de mármol; dos estuches para resguardar las alhajas de la Virgen y un armario ropero. Algunos de estos objetos se donaron en vida por Isidora Rodríguez Pajares a agrupaciones religiosas como la Adoración nocturna para hacer sufragios por su hermano el Deán.[38]

---

[36] Una gran parte de los elementos muebles del palacio de la familia Pajares se encontraba en manos de sus antiguos propietarios.

[37] La *Dolorosa* que presidía el altar de la capilla se adquirió en el año 1902 por el canónigo de la catedral de Oviedo Benigno Rodríguez Pajares, en el mes de febrero de 1903 la restauró el pintor de escultura y dorado Amador Juesas Sebastiá, natural de Valencia y vecino de Oviedo, y con posterioridad se depositó en el Museo de Bellas Artes de Oviedo.

[38] *Escritura de Acta* a requerimiento de Santiago Romero, Notaría de Benedicto Blázquez y Jiménez, en Oviedo a 31 de octubre de 1930.

Los materiales nobles, la riqueza de las molduras, la belleza de las grecas decorativas, los muebles encargados en su mayoría en Casa del Río, uno de los establecimientos más prestigiosos de Oviedo, constituían algunos de los elementos que daban un toque aristocrático a las diversas estancias. Pero no faltaban los adelantos propios de un confort burgués como el sistema de calefacción central por medio de radiadores, la instalación eléctrica de luces y timbres, el servicio de gas ciudad o los lavabos en cerámica con motivos florales modernistas de fabricación alemana.

Sí se prosigue la distribución por funciones, la cocina y sus dependencias anexas como el almacén, la despensa y el retrete volado sobre tornapuntas, se articulaban en tres plantas con su propia escalera de servicio para descender al jardín y formaban un pabellón independiente que se comunicaba por medio de la galería al resto de la residencia. En la planta del ático se encontraban los depósitos de agua con sus cisternas, los desvanes y una serie de espacios que se habilitaban como una vivienda independiente en la década de 1950.

En la parte posterior, la galería acristalada con setecientas lunas de vidrío, sostenida por columnas de hierro, acanaladas y de capiteles corintios, constituía un cuerpo aéreo, casi flotante en el espacio, que actuaba como lugar de transición entre el palacio y el jardín. Por su orientación, al oeste y al mediodía, inundaba de luz y de sol el interior de la casa. Esta delicada estructura reinterpretaba en lenguaje culto las galerías de las casas populares de campo asturianas. Entre sus precedentes se pueden citar los miradores sobre ligeras columnas de fundición, como el del chalet de la calle de la Lila (Fig. 22).

El jardín se distribuía en tres partes separados por verjas. En el primero de estos espacios, a modo de *hortus clausus* medieval, sobre un sencillo césped verde se alzaba una fuente de hierro forjado con sus tazas a distinta altura para recoger el agua escupida por el chorro central y su adquisición por medio de un catálogo publicitario, resultaba un tanto novedosa para aquellas fechas por el reducido coste. Las crujías de la galería acristalada, delimitadas por las columnas de fundición que sostenían sus bastidores de madera, ceñían esta zona del pensil (Fig. 23).

El segundo tramo formaba un precioso rincón modernista, parecido a los paisajes pintados por Santiago Rusiñol. Paseos de formas sinuosas permitían disfrutar de una gran variedad de flores, donde las hortensias y los lirios alternaban con los aloes y los tallos en forma de látigo, propios del arte modernista presente en la casa. El tercer ámbito se dedicaba a la huerta para el consumo familiar, donde no faltaban los árboles frutales y las palmeras de evocación indiana, además de una parra. La meditación, el paseo y el trabajo eran las tres actividades a las que invitaba este jardín.

A modo de mamparas transparentes, que limitaban los espacios sin dificultar su comunicación visual, una verja separaba el primer espacio del jardín de los otros dos y otra servía de cierre y al mismo tiempo de mirador a las fincas colindantes con la muralla y las chimeneas de la fábrica de gas y luz del Postigo Bajo. Las verjas de hierro forjado se realizaron en la fundición La Amistad con el típico diseño de Juan Miguel de la Guardia formados por círculos geométricos cruzados pos dos diagonales. En los trabajos de rehabilitación se recuperó un fragmento de las mismas.[39]

[39] José Manuel Félix Magdalena: *El hierro. Aplicaciones artísticas en Oviedo*, Oviedo: Tesis de Licenciatura, Departamento de Historia del Arte, 1978.

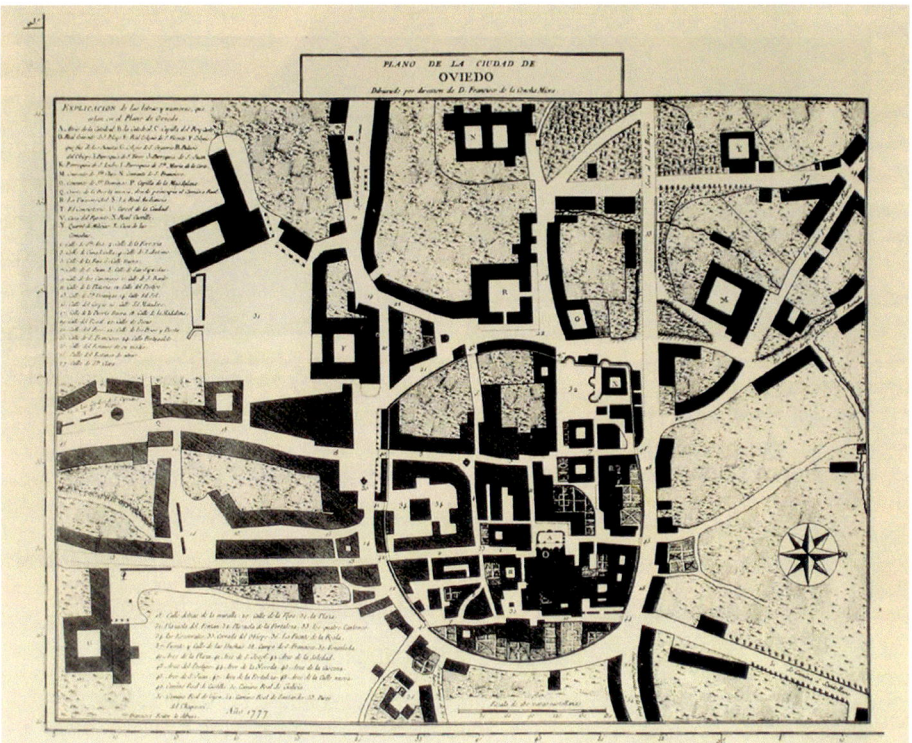

▲ **Fig. 1.** Plano de Oviedo dibujado por Francisco Reiter (1777), con la cerca redonda, las plazuelas de la Corralada, la Catedral y sus tres ejes viarios. RAH ▼ **Fig. 2.** Fotografía antigua de la plazuela de Álvarez Acevedo donde se aprecia la *Puerta de la Limosna* del claustro catedralicio tras las cadenas y pilares de asilo. AJM

OVIEDO. - Corrada del Obispo en el siglo pasado. - Foto-archivo J. Muñiz.

▲ **Fig. 6.** Plaza Feijoo y arco de San Vicente, a través del cual se observa una rotonda de la casa del Deán Payarinos y una de las casas de la desaparecida calle Canóniga. AMO

▼ **Fig. 7.** *En el asilo* (1906), del pintor Augusto Junquera, tiene como marco el claustro (siglo XVII) del extinto colegio de San José para la escolanía catedralicia. MBA

▶ **Fig. 8.** Benigno Rodríguez Pajares, licenciado en Derecho Civil y Canónico y doctor en Sagrada Teología, tocado con una birreta. Fotografía de Ramón del Fresno (h. 1900) ◣ **Fig. 9.** Regina Rodríguez Pajares, *sor Bonifacia*, profesa como monja benedictina en el convento San Pelayo de Oviedo. Fotografía de Ramón del Fresno (h. 1900)

V

Fig. 10. Ángela Rodríguez Pajares, *sor María de los Ángeles*, profesa en el convento benedictino de San Pelayo de Oviedo. Fotografía de Ramón del Fresno (h. 1900)

Fig. 11. Fotografía (h. 1885) del magistrado Ignacio Rodríguez Pajares, hermano del Deán Payarinos, y su esposa Angustias Bonifaz. Galería fotográfica Ramón del Fresno

Fig. 12. El eclesiástico Benigno Rodríguez Pajares conocido posteriormente con el sobrenombre del *Deán Payaruninos*. Fotografía de Ramón del Fresno (h. 1900)

Fig. 13. Litografía de Parcerisa de la seo ovetense con la imagen del Salvador, la vía sacra separada del coro por una reja y uno de los dos órganos de estilo rococó (1751)

Fig. 14. Litografía de Parcerisa que muestra todavía intacto el trascoro de la *Sancta Ovetensis*, presidido por la Virgen de la Luz, con su recinto repleto de fieles (1857)

Fig. 15. Casa para Benigno Rodríguez en la Corrada del Obispo (1900), por Juan Miguel de la Guardia, dentro del modernismo en su estilema clasicista. AMO

Fig. 16. Detalle de una de las rotondas modernistas con vidrieras de colores en parte perdidas de la casa de Deán Payarinos en Oviedo

◀ **Fig. 21.** Reinterpretación modernista de capiteles y arquivoltas de raíz románica en la capilla neo-medieval de la casa del Deán Payarinos

▼ **Fig. 22.** Sección transversal de la casa del Deán Payarinos con su escalera imperial y la galería acristalada sobre columnas de fundición que abraza el jardín

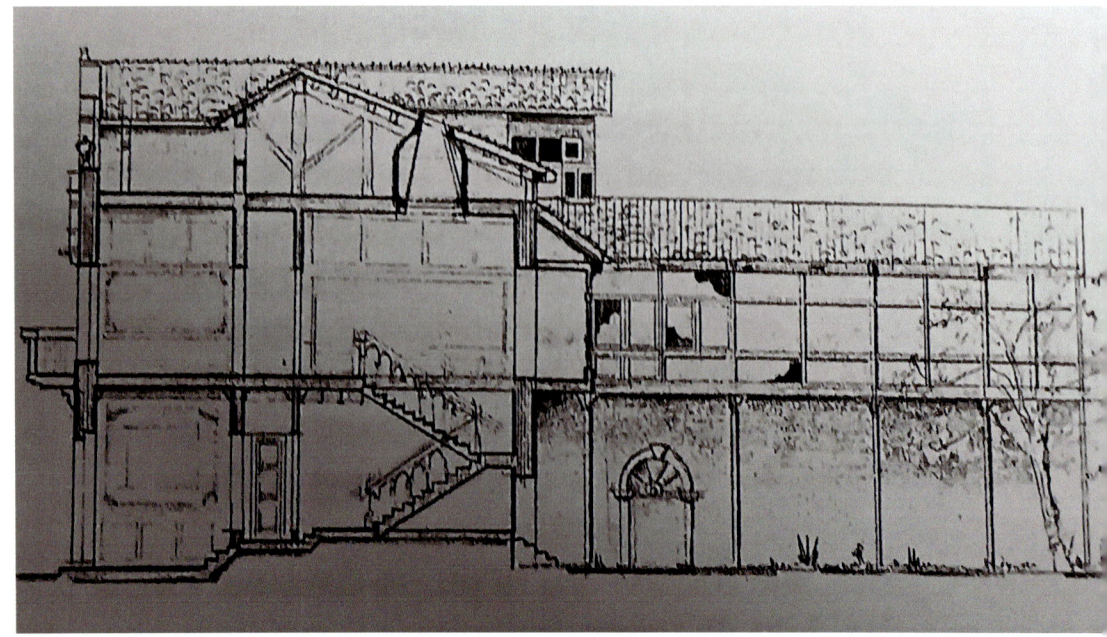

▶ **Fig. 23.** La periodista Cecilia Romero Rodríguez en el jardín de la casa del Deán Payarinos sentada sobre la taza de la fuente de hierro y con la galería al fondo (1950) ◣ **Fig. 24.** Fotografía (1914) del oftalmólogo Santiago Romero Martínez (1886-1962) y su esposa Cecilia Rodríguez Bonifaz (1891-1969) heredera universal de la familia Pajares

Fig. 25. Cuadro artístico integrado por familias mineras para la representación de una zarzuela en Caborana, creado por Santiago Romero con la ayuda de su esposa (1922)

▶ **Fig. 26.** El oftalmólogo Santiago Romero Martínez y su esposa abrazados a dos de sus hijos con un perro de juguete a los pies en su casa de Caborana (h. 1917) ◥ **Fig. 27.** La pieza italiana del palacio de la familia Pajares se encontraba presidida por el piano de la marca Guarro Hermanos (1903), donde se interpretaba música de salón

Fig. 28. Vista de la casa del Deán Payarinos en la Corrada del Obispo, rehabilitada por el arquitecto Javier Calzadilla como sede del Conservatorio de Música (1985)

▲ **Fig. 29.** Reforma clasicista de la Academia de San Salvador en la calle Rosal de Oviedo por el arquitecto Javier Aguirre (1886) para acoger su nueva sección musical. AMO

◄ **Fig. 30.** Portada de la partitura dedicada a la *Rapsodia Asturiana sobre aires populares compuesta para piano* (1909) del músico Anselmo González del Valle (1852-1911)

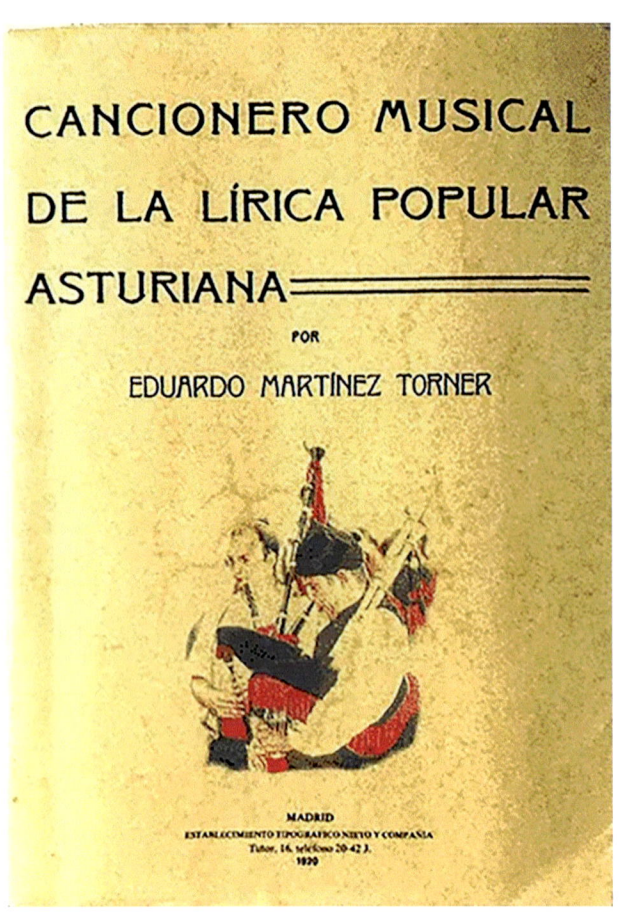

◀ **Fig. 31.** Portada de la partitura dedicada al *Cancionero musical de la lírica popular asturiana* (19220) del musicólogo ovetense Eduardo Martínez Torner (1888-1895)

▼ **Fig. 32.** En el desaparecido Teatro Celso y Hotel Francés, proyectado por Juan Miguel de la Guardia, comenzó a cristalizarse la Sociedad Filarmónica de Oviedo (1907)

▲ **Fig. 33.** El teatro Campoamor hacia 1900, uno de los símbolos de la ciudad gracias a sus prestigiosas temporadas de ópera y funciones sinfónicas aún vigentes ▼ **Fig. 34.** El Auditorio Príncipe Felipe (1999), proyectado por Rafael Beca de la Fuente, se alza sobre un antiguo depósito de agua, que evoca la piel de cristal de su fachada

▲ **Fig. 35.** Detalle de la biblioteca del Conservatorio de Música de Oviedo que se completa con una fonoteca y una videoteca ▼ **Fig. 36.** Los *crochets* de la *Sancta Ovetensis* evocan notas musicales que recorren sus pentagramas para entonar una oración como *Aleluya*

4

La vivienda y la consulta de un oftalmólogo.
Valses en el piano del salón

4.1. LOS TERRIBLES AÑOS TREINTA

A la llegada de la Segunda República, el palacio cambió de inquilinos. Los nuevos moradores, pertenecientes a una clase media, se caracterizaban por sus gustos sencillos. Se trataba de la familia de Santiago Romero Martínez, médico y oculista, que a partir de entonces desarrolla su actividad en Oviedo como profesional de la medicina. Nació en Palencia el 11 de diciembre de 1886, donde su padre, Pedro Romero, se dedicó a la actividad empresarial, llegó a ser alcalde de la ciudad y se casó en segundas nupcias con su madre, Felisa Martínez, oriunda de Carrión de los Condes.

Terminó el bachillerato en el Instituto de Segunda Enseñanza de Palencia, cursó la carrera de medicina en Valladolid, realizó estudios de doctorado en la Universidad Central de Madrid y completó su formación en la clínica oftalmológica de José Antonio Barraquer Roviralta en Barcelona, el fundador de una célebre saga de médicos que alcanzó fama mundial en esta especialidad. Aficionado a la papiroflexia, nunca dejo de estar al tanto de las últimas novedades de su disciplina a la que destinaba un tiempo diario para analizar la copiosa información que le llegaba sobre la misma.

Como licenciado se inscribió en el Colegio de Médicos de Asturias e inició su actividad profesional en las cuencas mineras al servicio de la empresa la Sociedad Hullera Española (1912), para ejercer su profesión durante veinte años dentro del concejo de Aller en las localidades de Boo, Valderrucos, Moreda y Caborana. Abrió una clínica privada en Oviedo (1931) y trabajo como oculista para el Dispensario de la Cruz Roja ovetense y de médico general al servicio de las sociedades Electra del Viesgo y Socorros mutuos de viajante y dependientes comerciales.[40]

---

[40] Su defensa por mejorar las condiciones de vida y la salud de los mineros asturianos es resaltada por el historiador José Gonzalo Sancho Flórez.

Al poco tiempo de llegar a Asturias contrajo matrimonio con Cecilia Rodríguez Bonifaz (1891-1969) hija de Ignacio Rodríguez Pajares, magistrado de la Audiencia Territorial en Madrid y de Angustias Bonifaz Rodríguez-Pereda, oriunda de Aranda de Duero y descendiente directa del denominado *Primer Almirante de Castilla* Ramón Bonifaz que conquistó Sevilla al frente de una flota naval en el año 1248 a las órdenes del rey Fernando III el Santo. De esta unión se conocen seis hijos: Cecilia, Santiago, Consuelo, Fernando, Covadonga y María Ignacia[41] (Fig. 24).

Durante su etapa al servicio de la Sociedad Hullera Española se enfrenta como médico a las fiebres tíficas de 1918 y 1921 en Boo, Caborana y Moreda. Su fama como oftalmólogo pronto se hace notar en la cuenca minera y por su consulta pasan mineros de las demás empresas. *Don Santiago* intenta ayudar, informar y enseñar, participa en reuniones y conferencias en los círculos recreativos de la zona, en las sedes de los sindicatos y en la Cruz Roja. Su familia apasionada por el teatro, la música de zarzuela y la pintura promueve la cultura en la zona[42] (Fig. 25).

En efecto, la familia de Santiago Romero Martínez tuvo siempre una gran afición a la pintura y a la música. Y el mismo dibujaba extraordinariamente bien: al realizar la mayoría de sus dibujos sobre las mesas de mármol del más famoso de los cafés de Oviedo, la Cafetería Peñalba, en plena calle Uría con vistas al Campo San Francisco, que los camareros borraban con prontitud, una gran parte de su obra quedaba relegada a una existencia efímera. Su esposa Cecilia Rodríguez Bonifaz, también de una gran sensibilidad artística, nunca dejaba de tocar el piano (Fig. 26).

Todos los hijos heredaron esta facilidad para el arte: Cecilia Romero Rodríguez la primogénita, licenciada en derecho y periodista durante muchos años del diario *La Voz de Asturias*, escribía y pintaba con acierto; Santiago se dedicó a la pintura al óleo y Fernando estudió arquitectura, aunque ambos se malograron por su muerte prematura lo mismo que su hermana María Ignacia; Covadonga se inclinó fundamentalmente a la escultura y Consuelo se centró en su actividad como dibujante y pintora. Esta tradición pictórica y musical prosigue en las más jóvenes generaciones.[43]

[41] José Fernando González Romero y José Luis Costa Hernández: *La conquista de Sevilla (1248) y el burgalés Ramón Bonifaz*, Gijón: Ediciones Trea, 2021. Sobre el árbol genealógico de Cecilia Rodríguez Bonifaz.

[42] José Víctor Canal Hernando: «Santiago Romero Martínez Médico de la Sociedad Hullera Española en el Concejo de Aller», *Estafería Ayerana*, núm. 22, 2016, pp. 34-36.

[43] Entre sus nietos y biznietos se encuentran Consuelo Fernández Romero, Natalia Fernández Rodríguez, Fernando y Fausto González Martín se licencian en Bellas Artes; Santiago y Fernando González Álvarez realizan estudios superiores de música.

Isidora Rodríguez Pajares falleció el 28 de octubre de 1930 en estado de soltera y sin sucesión. Hasta ese momento disfrutó como usufructuaria de la casa del Deán Payarinos, pero en lugar de dejar a la única sobrina su parte de esa herencia, la cedió al administrador de los bienes familiares. A finales de este mismo año, Cecilia Rodríguez Bonifaz como heredera natural del legado de la familia Pajares, a excepción de lo tocante a su tía, tomó posesión del palacio al que se trasladó con toda su familia y el lugar donde su esposo Santiago Romero abrió una clínica privada (1931).[44]

Durante la Revolución de Asturias en 1934, el día 5 de octubre de dicho año, contingentes de las cuencas mineras ocuparon la casa del Deán Payarinos para disponerse al asalto de Oviedo. Se produjo entonces una gran sorpresa cuando una parte de los asaltantes se encontraron con *Don Santiago*, el médico que los había atendido durante la década de 1920 al servicio de la Sociedad Hullera Española en sus lugares de origen. Esto significó la salvación de la casa que fue escrupulosamente respetada junto a todos sus habitantes.

Pero no tuvieron la misma suerte la residencia episcopal, que se encontraba enfrente, y la vecina Cámara Santa. El primero fue pasto de las llamas el día 8 a las 18 horas, para quedar reducido a la mampara de su fachada y el día 11 se abrió un boquete en la Sala Capitular desde la calle San Vicente, para por medio de la dinamita volar la capilla de Santa Leocadia Días más tarde, los asaltantes abandonaron el palacio que siguió intacto y en el que sólo faltaron unos gemelos de ópera con los que los revolucionarios observaron la catedral para dirigir sus disparos apostados en la casa.[45]

Durante la Guerra Civil, Santiago Romero, como médico al servicio del Dispensario de la Cruz Roja, atendió en ambos frentes a los enfermos de uno y otro bando. Por dicho proceder mereció la medalla de oro individual de esta entidad (1938), con la que colaboró desde su fundación. La casa del Deán Payarinos volvió a tener suerte durante la contienda, a pesar de encontrarse en plena línea del frente de batalla ya que fue, dentro del paisaje apocalíptico a la que quedó reducida la ciudad mártir, una de las pocas construcciones que permaneció casi completamente ilesa.

Como escritor publica numerosos artículos en la prensa para luchar contra las precarias condiciones en que se encuentran los mineros de la época y dentro de los mismos merecen resaltarse: en la revista *Yatros* «La Ceguera de Tobías»,

---

[44] Procedente de las Domésticas Consuelo Sánchez, *sor Covadonga*, entra al servicio de la familia Romero (1950) para profesar más tarde en el convento de La Purísima Concepción y San Bernardo de Villarrobledo en Albacete.

[45] José Fernando González Romero: *Paisaje apocalíptico para después de una guerra. Oviedo: la ciudad mártir (1934-1936)*, Gijón: Ediciones Trea, 2019, pp. 30-31.

donde humanismo y ciencia ofrecen un perfecto hermanamiento; en *La actualidad oftalmológica* da a conocer su proyecto pionero para aquel momento de una córnea artificial, para lo cual precisó de la colaboración de un joyero; mientras que otros escritos permanecen inéditos sin publicar.[46]

Como reconocimiento final a su persona, cuando se celebró en Oviedo el XXXIX Congreso de la Sociedad Oftalmológica Hispano-Americana, al encontrarse *Don Santiago* muy enfermo fue visitado en su casa por los principales oculistas del mundo entre los que se encontraban Ramón Castroviejo, Luis Fernández Vega, Antonio Bascarán, Hermenegildo Arruga, Emilio Díaz Caneja, Casanova o Fornieles por citar algunos ejemplos. Falleció en 1962 a los 76 años y sus restos fueron inhumados en el cementerio de San Salvador de Oviedo.

Los bajos comerciales del palacio de la familia Pajares también tienen su propia historia: el Museo Arqueológico de Oviedo, después de transitar por el extinto convento de San Francisco en la calle Fruela (1866-1889), el patio cubierto de las desaparecidas Escuelas Normales en la calle Uría (1889-1916), se instala en los locales de la casa del Deán Payarinos (1916-1945), para finalmente acampar en el claustro del vecino monasterio de San Vicente (1945). Una escuela provisional de primera enseñanza (1945-1955) y una imprenta grafica suceden como inquilinos.[47]

4.2. MÚSICA DE SALÓN

La pieza italiana, con sus sillones corridos y mesa de juego que se encargan al establecimiento ovetense de Casa del Rio, se encuentra presidido por el piano de la marca Guarro Hermanos (1903). Como corazón musical de la Familia Pajares y sus posteriores propietarios constituye el escenario de bailes familiares con un protagonismo absoluto de la *música de salón*, cuyo repertorio muy ecléctico se desglosa en cuatro grandes apartados: piezas clásicas de los grandes maestros, partituras modernistas en torno a 1900, óperas italianas y ritmos españoles[48] (Fig. 27).

Como meros ejemplos: de la editorial alemana fundada en 1800 por C.F. Peters en Leipzig: *Sonaten für Pianoforte* W. A. Mozart y *Lieder ohne Forte für Pianoforte* Felix Mendelssohn Bartholdy; de la editorial madrileña fundada en

---

[46] Santiago Romero Martínez: «La Ceguera de Tobías», *Yatros*, Oviedo, 1951.

[47] José Antonio Fernández de Córdoba Pérez: *Historia del Museo Arqueológico de Asturias*, Universidad de Oviedo: Facultad de Filosofía y Letras, tesis doctoral, 2016.

[48] M.ª Aurelia Diez Huerga: «La música en los salones del Oviedo decimonónico», *Anuario musical*. Revista de musicología del CSIC, núm. 70, 2015, pp. 101-116.

1857 por B. Esalava: *Recuerdos de Viaje* tanda de rigodones por Straus, *El Postillón* Galop por Pablo Giorza, *La Jitana* polka brillante por J. Straus *Una tarde en Avapies* fantasía por Núñez-Robres, *Recuerdos de Oriente* tanda de valses por G. Menozzi, *Un momento de Tristeza* meditación por L. Ascher y *Magdalena* mazurka por J. Offembach.

Dentro de la estética modernista, destacan la estampas florales de muchas partituras de esta época: de la editorial milanesa G. Ricordi *Le langage des fleurs* pensée brillante por Charles Acton; de la Collection de la Crême Simón *Camargo* seguedille por E. Météhe; de la neoyorkina Century Music *Valse in E-Flat* por Aug. Durand; del editor barcelonés Juan Ayné *Buenas Noches* serenata por A. Alarcón; de la parisiense Editions Scottsm *Tarentelle* brillante por Sydney Smith; del editor parisino Alfhonse Leduc *Gais Bateliers* chanson por Franz Hitz.

Imprescindible la música española: del editor J. Ervite *La Asturiana* jota por E. Verguilla; de la madrileña Casa Dotesio *Bohemios* zarzuela en un acto por Amadeo Vives y *Serenata Impresiones de España* por J. Malats; de los editores valencianos Cabedo y Cª *Valses Poéticos* para piano por E. Granados; del editor Pablo Martín ¡*Viva España!* rondalla por M. Zabala; de la Unió Musical Española *Amor de muñecos* cuplé de Juan Martínez Abades y *El Pájaro Azul* zarzuela en dos actos por A. López Monis; del editor Víctor Berdós *La ilustración militar* pasodoble por Leopoldo Martín.

Cecilia Romero, la primogénita del oftalmólogo, describe este espacio musical con un cierto toque romántico:

> Entro en el amplio salón de música de mi casa, iluminado por una luz suave. Ostenta su techo valiosas pinturas y en el centro del mismo hay una mesa pequeña de caoba; las sillas tapizadas hacen juego con los cómodos divanes adosados a las paredes, donde pueden admirarse dos bellos tapices con motivos de la *Vendimia* de Goya, y un retrato de mi abuela con el pelo recogido y dulce sonrisa, luciendo la armonía de su colorido que firma un nombre famoso.
>
> La alfombra, que ocupa todo el suelo, es mullida y ahoga el ruido de los pasos. El salón, cuando se da alguna fiesta, puede quedar brillantemente iluminado por la gran lámpara de bronce central y por las luces con sus tulipas rosas y verdes que a una altura prudente se hallan instaladas en las paredes. Me siento ante el piano contemplando los bibelots que lo adornan, un bonito reloj antiguo con incrustaciones de oro; búcaros de cristal azul esmaltados de blancas flores y la magnífica porcelana de Sèvres representando una pareja de baile en paso de minué.
>
> Mientras toco música de Mozart mi imaginación me lleva muy lejos, a un regio salón con profusión de luces y espejos que reflejan escenas como aquellas que inspiraron a Watteau; flores y caprichosas pelucas empolvadas, joyas y terciopelos y el raso o las sedas de cálidos o suaves colores realzando el esplendor del conjunto. Un joven

alto y gallardo se inclina ante una bella dama, con gesto seguro y dominador, sus ojos verdes brillan a través de sus oscuras pestañas. Ella es morena, de ojos oscuros y aspecto tímido y frágil y es evidente la honda emoción con que la mira.[49]

4.3. CREPÚSCULO Y REHABILITACIÓN ARQUITECTÓNICA

Tras el fallecimiento del oftalmólogo Santiago Romero Martínez (1962) y Cecilia Rodríguez Bonifaz (1969) la casa del Deán Payarinos permaneció deshabitada durante algunos años, para convertirse en una pesada carga económica para sus herederos. Al perder su primitiva función social entró en estado de ruinas, sometida a las inclemencias del clima y algunos saqueos, con la consiguiente desaparición de su espacio interior. Como otros palacios de la ciudad en fechas parecidas corrió el riesgo de desaparecer y la única posibilidad de supervivencia consistió en su rehabilitación

Al tratarse de un edificio con un alto valor artístico en pleno casco histórico a la sombra de la seo catedralicia desde las estancias públicas, dentro de un abanico de posibles opciones, se decidió su rehabilitación para sede del Conservatorio de Música, por considerarlo el más noble de los destinos posibles. Con este objetivo la Consejería de Educación, Cultura y Deportes del Principado de Asturias acordó acceder a su propiedad, además de la finca colindante situada en la calle de San José, para lo cual se promulgó un expediente de expropiación amistosa.

Para su rehabilitación como sede del Conservatorio de Música, que ofreció un carácter ejemplar, el arquitecto Javier Calzadilla presentó un proyecto acompañado de su correspondiente memoria, programa de necesidades, tipo de construcción, materiales a utilizar y presupuesto para su ejecución ante la Consejería de Cultura del Principado de Asturias en 1985. En él se tuvo en cuenta de las condiciones del Plan General de Ordenación de Oviedo y los criterios de la Comisión de Valoración para la defensa y protección del patrimonio histórico-artístico de la comunidad regional[50] (Fig. 28).

La edificación se enfrenta a la dificultad de adaptar el complejo programa de necesidades de un conservatorio moderno con sus aulas de enseñanza, salas de audición y dependencias administrativas, a un solar en el casco histórico condicionado por unas construcciones preexistentes. De la unión de las distintas fincas, resultó una parcela de 2.589, 79 m², que linda por el oeste con la Plaza de

---

[49] Cecilia Romero Rodríguez: «Motivos», artículo publicado en el semanario *Domingo*, 20-5-1952.

[50] Javier Calzadilla: *Proyecto básico de edificio para Conservatorio Provincial de Música en la Corrada de Obispo para la Consejería de Educación, Cultura y Deportes del Principado de Asturias*, Oviedo, 25 de mayo de 1985.

la Corrada del Obispo, por el este con la calle del Paraíso a través de la muralla, por el norte con la Comunidad de Religiosas de María Inmaculada y por el sur con la Casa Sacerdotal.

En el volumen externo se consolida la fachada principal del palacio de la familia Pajares, se reparan los bastidores de madera de las rotondas a los que les faltan parte de sus vidrieras de colores reemplazadas por cristales transparentes, se reponen los antepechos de hierro forjado de los balcones y la balaustrada de cemento se sustituye por otra con idéntico diseño de piedra. En cuanto a la casa colindante en la calle de San José, de modestas proporciones y carácter popular en contraste con el tamaño y lenguaje culto de la mansión vecina, se respeta su frontis de piel de azulejos.

El nuevo conjunto construido trata de pasar desapercibido, al evitar todo tipo de protagonismo. Los volúmenes de los distintos cuerpos mantienen las cotas obligatorias, descienden hasta la calle del Paraíso y se separan de la misma para potenciar el paso de ronda de la muralla que ceñía la urbe medieval. La carpintería de madera, la teja española, los antepechos de hierro forjado, los recercados de piedra en los huecos o los enfoscados en las fachadas son elementos tradicionales que tratan de armonizar con el caserío circundante del casco histórico.

El volumen correspondiente a la casa del Deán Payarinos se destina a usos representativos y de administración, para diferenciarse tanto en el aspecto formal como en su función del resto del conjunto y enlazar simbólicamente con su primitiva función como palacio. En esta zona se sitúan el vestíbulo de acceso, la escalera principal, la sala de profesores, el aula general y la biblioteca entre otras dependencias. El enlace con el edifico posterior se realiza a través de un cuerpo de una sola planta con un patio cubierto, que enlaza con otro posterior y su conjunto de aulas.

El auditorio se ubica por debajo del nivel de entrada y el patio, para constituir el suelo de ambos el techo del mismo: se trata de una amplia sala con capacidad para 390 asientos con un estudio minucioso de las condiciones de sonoridad, que cuenta además con dos camerinos. En un estrato inferior, aunque forma una planta intermedia, se sitúa el anfiteatro con unos servicios anexos como cabinas de ensayo individuales o un estudio de grabación. Estos ámbitos constituyen el escenario para acoger todo tipo de conciertos, coros y encuentros musicales.

El edificio posterior se desarrolla en cuatro niveles, de los cuales la última planta se dispone en forma de buhardilla para evitar desde la muralla la sensación de un exceso de altura. La estricta modulación de los huecos de la fachada se debe, por un lado, a razones de tipo estético y, por otro, a la previsión de futuros cambios en la distribución de las aulas. Un patio central modula e ilumina este conjunto donde se ubican las clases con sus espacios servidores de aseos y escalera y se procura conseguir al máximo el ambiente de silencio que debe acompañar a unas enseñanzas musicales.

El tratamiento acústico contra los ruidos externos y la consecución de una sonoridad adecuada adquieren una importancia primordial al tratarse el edificio de un conservatorio de música. La adecuación y el aislamiento se consiguen, entre otros recursos, por medio de suelos flotantes, puertas blindadas, separaciones verticales con dos fábricas de ladrillo rellenas de yeso o pavimentos de linóleum. La utilización de una avanzada ingeniería del sonido hace que en el contenedor ovetense el tiempo de la reverberación oscile entre 1,6 y 1,7 segundos.

El Conservatorio de Música.
Una sinfonía para el futuro

5.1. SECCIÓN DE MÚSICA DE LA ACADEMIA DE SAN SALVADOR (1883)

5.1.1. El edificio clasicista de la calle del Rosal

El pensamiento ilustrado del siglo de las luces, representado en Asturias por Jovellanos y Feijoo, promovió las enseñanzas artísticas como fuente de desarrollo económico y cultural. La iniciativa del establecimiento en Oviedo de una Academia de Dibujo se debió a la Junta General del Principado en 1775, aunque tal proyecto no llegó cristalizarse en aquel momento. Gracias a los arbitrios de la Sociedad Económica y la colaboración de los Amigos del País, la nueva institución académica consiguió entrar en funcionamiento a partir del año 1785.[51]

Como sede se eligió un local del Colegio de San Matías (XVII), perteneciente a los jesuitas expulsados durante el reinado de Carlos III, cuya fachada miraba a la calle del Rosal. Después de una etapa de decadencia, coincidiendo con la difícil coyuntura del primer tercio del siglo XIX, a partir de 1854 se renovó como Escuela de Bellas Artes San Salvador, ampliando sus dotaciones e impartiendo estudios menores y materias superiores. En 1900 pasó a denominarse *Escuela de Artes e Industrias* permaneciendo en el mismo lugar, hasta su traslado en 1975 a la calle Julián Clavería.

Javier Aguirre, como arquitecto de la Diputación Provincial, responsable en parte de las instalaciones de la institución académica, firmó el alzado, para su reforma y ampliación, al tener que acoger también la sección de Música, con el levantamiento de un piso, el 14 de marzo de 1886. En tinta negra se señalaba el nivel del edificio correspondiente al antiguo colegio jesuita y en roja la solución que se debía llevar a cabo. El mayor mérito del proyecto consistía en el respeto

---

[51] Fermín Canella y Secades: *Historia de la Universidad de Oviedo y noticias de los establecimientos de enseñanza de su distrito (Asturias y León)*, Oviedo: Imprenta de Flórez, Gusano y Cía., 1904, pp. 381-391.

absoluto a la fábrica anterior, al evitar una adulteración de las líneas clasicistas de su lenguaje artístico.[52]

El nuevo volumen, que emergía de la elevación de dos alturas, se reforzaba en sus esquineras por almohadillados a soga. Dentro del clasicismo isabelino, en el que se había educado el arquitecto en sus inicios, sus paramentos se articulan cuidadosamente mediante un sistema reticular de pilastras, cajeadas por una estría central, y someras impostas. La fachada con sus tres niveles ofrecía un tramo a la galería del mercado Diecinueve de Octubre y cuatro a la calle del Rosal, estos últimos organizados según un esquema tripartito de raíz clásica (Fig. 29).

En la planta baja se ubicaban sus dos portadas, que daban paso al zaguán con la escalera principal y a varias aulas. La puerta principal, con la tipografía del establecimiento, se desplazaba a su costado. El *piano nobile*, con su aire palacial y mayor altura, se rasgaba por amplios ventanales para dejar pasar el aire y la luz, dotados de balcones enrasados y protegidos por solemnes guardapolvos rectilíneos. El tercer piso se iluminaba por huecos cuadrados con marcos de piedra recorridos por sutiles grafismos. Un antepecho, con el escudo de Oviedo, coronaba la academia.

En 1883 Anselmo González del Valle fundó la Academia de Música de San Salvador dependiente de la Escuela de Artes y Oficios del mismo nombre, que tuvo como sede el citado edificio clasicista reformado por Javier Aguirre en la calle del Rosal. Entre los prestigiosos músicos, que ejercieron su magisterio en este centro, sobresalieron el compositor de música popular asturiana Rufino González Nuevo (1831-1921), el concertista Víctor Sáenz Canel (1840-1932), el pianista Saturnino del Fresno Arroyo (1867-1952) y su propio hijo Manuel del Fresno Pérez del Villar (1900-1936).

Desde 1924 bajo la denominación de Escuela Provincial de Música cambia sus estatutos, depende de la Diputación de Asturias y los estudios elementales de solfeo, piano y violín adquieran una validez oficial. Hay que esperar a 1961, durante la dirección del violinista Ángel Muñiz Toca (1903-1964), para su transformación en Conservatorio Profesional de Música. Finalmente en 1987 los conservatorios, profesional Anselmo González del Valle y superior E. Martínez Torner, se instalan en la casa del Deán Payarinos sita en la antigua Corralada de Vetusta.

---

[52] AMO, cat. 12.166, s.1, an. 1, leg. 52, doc. 1.

5.1.2. El músico asturiano Anselmo González del Valle (1852-1911)

Anselmo González del Valle, músico asturiano, nació en La Habana el 26 de octubre de 1852. Se licenció en Derecho Civil y Canónico (1872), carrera que nunca necesitó ejercer al disfrutar de una desahogada posición económica, gracias a la fortuna de su padre como empresario cubano miembro de la Real Academia de Bellas Artes de San Fernando, fue uno de los fundadores de la Escuela de Música de San Salvador (1883) cuyo reglamentó redactó y de la Sociedad Filarmónica ovetense (1907) como presidente honorario. Falleció el 15 de setiembre de 1911 en Oviedo.[53]

Viaja en su juventud por toda Europa, disfruta de sus estancias en París y como concertista participa en todo tipo de certámenes y conciertos. No oculta su pasión como coleccionista de partituras musicales, hasta el punto de atesorar uno de los legados más importantes de su época. Ya en su época de madurez participa y colabora de forma activa en distintas sociedades industriales y benéficas del momento. Dentro de su amplia gama de amistades figuran pintores, músicos y escritores como Armando Palacio Valdés o Leopoldo Alas Clarín.

Gracias a su privilegiada situación financiera, una mentalidad cosmopolita y el deseo de permanecer en Oviedo encargó al arquitecto Juan Miguel de la Guardia un exquisito palacete de gusto parisino dentro del barrio de Uría en la calle Conde de Toreno, que coincidió en su estética y cronología con la casa del Deán Payarinaos (h.1900). Dispuso de una marquesina a la entrada que imitó la cola de un pavo real, salón de música e invernadero de hierro y cristal. Bajo la denominación posterior de quinta de Concha Heres, su derribo fue un auténtico crimen urbanístico.[54]

Dotado de una fuerte personalidad, destacó como virtuoso del piano, compositor de numerosas piezas musicales y pedagogo apasionado de su disciplina. Participó como pianista en conciertos nacionales e internacionales y compuso una abundante *música de salón* compuesta por mazurcas, barcarolas, zarabandas, polcas y gavotas entre otras piezas. Su conocimiento del folclore nacional y especial pasión por el asturiano quedó reflejado en sus *Seis rapsodias españolas* (1883-1886), *Seis rapsodias asturianas* (1886-1896) y *Veinte melodías asturianas* (1894-1906) (Fig. 30).

Su producción, se puede desglosar en tres grandes apartados: composiciones de música tradicional con predominio de melodías asturianas, obras originales

[53] Fidela Uría Libano: «Anselmo González del Valle, músico asturiano», *Recerca Musicológica*, XI-XII, 1991-1992, pp. 389-398.

[54] José Fernando González Romero: *Juan Miguel de la Guardia. Arquitecto y urbanista*. Gijón: Ediciones Trea, 2015. p.104.

de marcado carácter intimista y transcripciones de obas ajenas con marcadas variaciones. En cuanto a su estilo evoluciona desde el naturalismo lírico propio del último tercio del siglo XIX hasta su disolución en el modernismo que se caracteriza por la búsqueda de efectos brillantes, virtuosismo técnico y carga subjetiva dentro de un segundo romanticismo. Dos ejemplos: la canción de cuna *Yes nidia* y la popular *No la puedo olvidar*.

5.1.3. El musicólogo Eduardo Martínez Torner (1888-1955)

El musicólogo, compositor y escritor Eduardo Martínez Torner, perteneciente la Generación Novecentista, nace en Oviedo el 7 de abril de 1888. Dentro de su formación musical, disciplina por la que desde un primer momento muestra una decidida vocación, recibe clases particulares en solfeo de Juan Fernández Cueva y en piano de Saturnino del Fresno (1904), acaba la carrera de piano en el Conservatorio Nacional de Madrid como alumno libre (1910 y se traslada a París para ingresar en la Shola Cantorum y perfeccionar sus conocimientos musicales (1912).

En 1914 con motivo de la Primera Guerra Mundial regresa desde París a Asturias y durante un tiempo recorre sus pueblos y aldeas, convive con los lugareños y recoge las canciones populares no escritas. Compagina su trabajo de campo con animadas tertulias en el ovetense Café Español de la calle Cimadevilla, muy novedoso entonces por su puerta giratoria y mesas con tableros de mármol. En1920 publica su obra más emblemática titulada *Cancionero musical de la lírica popular asturiana*, de cuya publicación se encarga la Diputación Provincial (Fig. 31). Desde 1921 colabora con Ramón Menéndez Pidal en el Centro de Estudios Históricos al frente de la sección de Musicología y Folclore. Reside en la residencia de estudiantes de Madrid y allí convive con Salvador Dalí, Federico García Lorca y Luis Buñuel. Durante la Segunda República, junto a Alejandro Casona, participa en la Misión Pedagógica y dirige el Coro del Pueblo (1932). Como consecuencia de la Guerra Civil emigra a Inglaterra (1939), donde colabora con la labor cultural del Instituto Español y la BBC hasta su muerte, acaecida el 17 de febrero de 1955 en Londres.[55]

Entre su amplia producción, se pueden citar como meros ejemplos dentro de la recuperación de música antigua las *Colecciones de vihuelistas españoles del siglo XVI* y *Narváez: el Delfín de la Música* 1538; entre sus propias composiciones perso-

---

[55] Juan Bonifacio Lorenzo Benavente: *Eduardo Martínez Torner, del papel pautado al fotograma*, Alicante: Biblioteca Virtual Miguel de Cervantes, 2002.

nales las zarzuelas *La Malcarada* (1926), *La Promesa* (1931) y *Rosina* (1932) que se convierte en el guión cinematográfico *Cumbres*; entre sus melodías populares *Folklore y costumbres españolas* o su danza prima *¡Ay! un galán de esta villa*; y como enseñanza musical su obra *Pedagogía del canto y de la música* (1935). [56]

5.2. EL RENACIMIENTO DE LOS CONSERVATORIOS DE OVIEDO

Una forma de definir el paisaje geográfico es considerarlo como una interacción de factoras físicos y humanos, que se caracterizan por su evolución histórica y carácter contingente. Pero también forman parte del mismo las sensaciones, los colores y los sonidos. La música es un factor imprescindible de las vivencias de una sociedad y un conservatorio de música no constituye una cápsula aislada en el tiempo, se encuentra unido a unas infraestructuras físicas como teatros y auditorios, un sistema educativo en escuelas y universidades y, en definitiva, a una praxis viva y enriquecedora.[57]

En la Vetusta del siglo xix juegan un papel decisivo el Liceo Artístico y Literario de Oviedo, con sus secciones lírica y dramática como ejemplo de asociación musical, que se instala en la Casa de Comedias del Fontán y el Casino ovetense en la plazuela de la Balesquida, que ocupa la planta noble del palacio de Valdecarzana, con su patio central cubierto por un lucernario. Completan este panorama bandas, orquestas y asociaciones corales formadas por profesionales o amateurs que actúan en salones particulares, cafés-concierto y bailes populares.

Con la llegada del siglo xx en la calle Jovellanos se construye la sede definitiva de la Compañía de Ferrocarriles Vasco-Asturiano (1906), que se complementa con el Teatro Celso y Hotel Francés, un templo laico consagrado a conciertos, bailes, funciones teatrales, circo, cinematógrafo y otros espectáculos, un rincón modernista desdichadamente desaparecido. En el Paseo del Bombé del Campo San Francisco lugar de romería medieval, paseo dieciochesco y salón romántico no podía faltar el inevitable kiosco de música debido Juan Miguel de la Guardia (1888) (Fig. 32).

Desde el teatro Celso se configura la Agrupación Musical Ovetense, que se disuelve en la Sociedad Filarmónica el 10 de abril de 1907. Su papel al atraer artistas invitados y agrupaciones de todo el mundo para la ejecución de conciertos, contribuye de manera decisiva al asentamiento de la música en la capital del Principado. El Cuarteto Francés con el pianista Saturnino del Fresno (1867-

---

[56] Ramón García-Avello: «"La Promesa" frustrada», *El Comercio* (9-1-2015), Gijón.
[57] Dato sobre el paisaje del geógrafo Manuel González Rodríguez.

1952), el compositor Manuel de Falla (1876-1946) o el concertista Emil von Sauer (1862-1942) son algunos de los interminables nombres que pasaron por su sede, hoy en la calle Mendizábal.

El teatro Campoamor (1888-1892) en el entorno de la plaza de la Escandalera dentro del barrio de Uría pronto se convirtió en uno de los símbolos de la ciudad con sus prestigiosas temporadas de ópera y funciones sinfónicas, que aún continúan en la actualidad. En el concurso convocado para su construcción resultaron vencedores los arquitectos madrileños José López Salaberry y Siro Borrajo: la sala en forma de herradura de corte italiano, una estructura metálica para su construcción y el renacimiento moderno como imagen externa fueron algunas de sus notas (Fig. 33).

Juan Miguel de la Guardia no oculta su admiración por el coliseo:

> Cuenta Oviedo en la actualidad (1894) con un solo teatro de reciente y grandiosa construcción, pues si bien el antiguo todavía está en pie, su clausura debe considerarse como definitiva y por lo tanto este teatro, fuera de servicio. En la construcción del nuevo se han observado escrupulosamente todos los preceptos de la higiene, tanto en su orientación como en su capacidad, ventilación, retretes, urinarios, alumbrado, calefacción, etcétera, de suerte que no vacilamos en este sentido como un modelo en su clase.[58]

Oviedo, como capital de la música, experimenta un decisivo crecimiento en profundidad con la rehabilitación de la Casa del Deán Payarinos como sede definitiva del Conservatorio Superior E. M. Torner (1988) y el Conservatorio Profesional A. González del Valle; la inauguración del Auditorio Príncipe Felipe (1999) y la creación del área de Musicología en la Facultad de Humanidades (1983). La Orquesta Sinfónica del Principado (1990), *Primavera Barroca*, para recuperar piezas antiguas, corales o bandas de gaita dentro del folklore se suman a este renacer.

La llegada al Principado de Asturias de la Orquesta de Cámara Los Virtuosos de Moscú (1990), para una estancia de al menos tres años, también juega un papel decisivo en el enriquecimiento cultural de la comunidad. Este grupo musical de carácter privado, que funda el violinista de fama mundial Vladimir Spivakov (1979), donde la cuerda y el piano gozan de un protagonismo absoluto, se caracteriza por su fidelidad a las partituras originales, altísimo nivel de interpretación y absoluto respeto al público. Además, algunos de sus músicos permanecen de forma definitiva en la región.[59]

[58] José Fernando González Romero: *Juan Miguel de la Guardia...*, o. cit., pp. 41-43.
[59] Daniel Tarrio Aladro: *La llegada de la Orquesta de Cámara «Los Virtuosos de Moscú» al Principado de Asturias*, Universidad de Oviedo, Facultad de Filosofía Letras, 2017.

El Auditorio Príncipe Felipe se inaugura el 29 de abril de 1999 en el solar que ocupó el antiguo depósito de aguas de la ciudad, algunos de cuyos elementos se incorporaron a la construcción de nueva planta. Proyectado por el arquitecto Rafael Beca de la Fuente, como recuerdo del anterior uso del edificio, el agua se convierte en el protagonista de la fachada con sus fuentes y cascadas de cristal. Comprende una sala principal otra polivalente y la última de cámara. Es sede de la Orquesta Sinfónica del Principado y en su momento del conjunto de música barroca Forma Antiqva (Fig. 34).

Música y Universidad estuvieron tradicionalmente unidas y esta simbiosis vuelve a recuperarse en Asturias cuando la Facultad de Geografía e Historia se desglosa para especializarse en esta materia. En el Campus de Humanidades de El Milán se imparte la licenciatura en Musicología desde 1983, que abarca la historia y las ciencias de la música junto a la historia del cine. Se enfrenta a tres tareas fundamentales: la investigación musicológica; la pedagogía, es decir la transferencia y divulgación de los conocimientos sobre esta materia; y la práctica musical.

5.3. UNA SINFONÍA DE FUTURO

En 1988 la institución adquiere el rango de Conservatorio Superior y se multiplican la especialidades instrumentales a impartir entre la que cabe citar: acordeón, canto, composición, instrumentos de cuerda, viento-metal y viento-madera, percusión, piano, órgano, clave, guitarra, dirección, pedagogía musical y en el curso académico del 2018-2019 se incorpora la gaita a la enseñanza reglada como un elemento inseparable del folklore asturiano. *Grosso modo* en el año 2018 el conservatorio superior bconsta de 70 docentes, 300 alumnos, 170 asignaturas teóricas y prácticas y 9 departamentos

En 1994 la dimensión internacional del Conservatorio de Oviedo se acentúa al ingresar en la Asociación Europea de Conservatorios, cuyo LI Congreso (2004) se celebra en Asturias, y participar tanto en la *Carta Erasmus*, otorgada por la Comunidad Europea, como en la construcción del Espacio Europeo de Educación Superior. El programa de necesidades comprende 50 aulas y 20 cabinas de estudio, auditorio y sala de cámara, biblioteca, fonoteca y videoteca, salas de profesores, polivalente e informática y un laboratorio de electroacústica (Fig. 35).

Las actividades del conservatorio ovetense se despliegan a un máximo nivel: conciertos a cargo de orquestas y bandas de música, concursos de interpretación, canto y composición, diálogos con otras disciplinas como el cine y la poesía, jornadas compartidas y clases magistrales con intervenciones de profesionales foráneos, recitales monográficos, polifónicos y corales, temporadas de puertas abiertas, seminarios para la difusión de música antigua, audiciones musicales, prácticas extracurriculares y pruebas de orquesta o tours musicológicos.

Como iniciativas pioneras se forman distintas agrupaciones musicales más o menos estables, a modo de ejemplos: las orquestas y la banda sinfónica del CONSMUPA (2001) dirigidas por Francisco Vigil Sampedro y José Esteban Miranda; el grupo de violonchelos (1997) fundado por Viguen Sarkissov, el conjunto de trompetas Trompetomaniac (2004) impulsado por Miguel Ángel Navarro Gimeno, el trio Allegro Appassionato (2005) promovido por Tsiala Kvernazde o el ensemble de saxofones (2005) dirigido por John Peter Falcone y Antonio Cánovas Moreno.

Entre sus directores el músico, compositor y sacerdote Víctor Leoncio Diéguez Marcos nace en Palazuelo de Órbigo, León, el 20 de marzo de 1941. Inicia sus estudios musicales en el seminario diocesano de Madrid, continua su formación en el Conservatorio Superior de Música de dicha localidad y participa en varios cursos con Igor Markevitch y la Orquesta de Radio Televisión Española. Tras concluir la carrera superior de composición se hace cargo de la escolanía del Valle de los Caídos y en 1973 acude al curso de música contemporánea en la Escuela de Darmstadt.

En la misma fecha accede al cargo de maestro director en la Escolanía de la catedral de Toledo y en 1975 obtiene la plaza de maestro de capilla en la seo de Zaragoza. A partir de 1976 se instala en Asturias donde desarrolla una importante actividad musical al frente de la Escolanía de Covadonga durante un periodo de trece años. En 1985 comienza a desarrollar su trabajo como profesor de armonía en el conservatorio de Oviedo para ocupar su dirección desde 1990, que comparte con la docencia en las especialidades de Contrapunto y Fuga hasta su jubilación en el año 2005.

Como compositor es autor de una extensa obra que se caracteriza por un eclecticismo, donde se perciben las influencias de varios estilos dentro del lenguaje musical del siglo xx entre la vanguardia y la tradición. Dentro de su repertorio, que abarca la música de cámara, coral y para órgano, se pueden citar las siguientes piezas: la *Sinfonía Homenaje* (1979), *Aires de la quintan* (1980), la cantata *Lamentatio* (1983), *Réquiem por un ser querido* (1991), el poema sinfónico *D. Quijote y la batalla de los rebaños* y una armonización del *Himno de Asturias* (1993).

Su sucesor en el cargo, el musicólogo Alberto Veintimilla Bonet, nace en Alcublas, Valencia, el 30 de abril de 1965. Se inicia en las bandas musicales de la Comunidad Valenciana y en 1982 ingresa en el cuerpo de Músicas Militares

5. El Conservatorio de Música. Una sinfonía para el futuro

61

donde permanece hasta 1989. Alcanza la plaza de clarinete solista por oposición en la Orquesta Filarmónica de Gran Canaria y trabaja con diferentes agrupaciones sinfónicas y orquestas de cámara. Desempeña el puesto de profesor y jefe de estudios de la Escuela Superior de Música de Alcázar de San Juan en Ciudad Real durante 1989.Como musicólogo se doctora en la Universidad de Oviedo con una tesis sobre el clarinetista Antonio Romero y Andía (1815-1886); en 1991 funda el Dúo de clarinete y piano con la pianista Purita de la Riva y en 1996 el trío ClaPiaChelo con Viguen Sarkissov; consigue la plaza de profesor en la cátedra de clarinete del Conservatorio Superior del Principado de Asturias para hacerse cargo de su dirección (2004 y 2014) desde donde potencia la internacionalización del centro; y en su faceta de profesor publica varios trabajos sobre la pedagogía de su especialidad.

En cuanto a su obra como clarinetista tiene varios estrenos absolutos, de los que se pueden destacar algunos como *Canción y Danza* para piano y clarinete de Víctor Leoncio Diéguez, *Suite estilística* de Marcelino García Sal, *Tres estudios para violín, clarinete y piano* de Juan María Martínez-Cué, *Suite para clarinete y piano* de José Manuel San Emeterio, *Concierto para clarinete y orquesta* de Jorge San Julián. También ha desarrollado proyectos de innovación educativa y de pedagogía en torno a la enseñanza de su especialidad en colaboración con otras instituciones.

Fernando Agüería Cueva, director desde el año 2014 del Conservatorio Superior de Música E. Martínez Torner, nace en Avilés el 16 de octubre de 1962. Comienza sus estudios musicales como niño-cantor en la Escolanía del Real Sitio de Covadonga y con el trompetista de jazz Gonzalo Casielles, para continuarlos en los conservatorios superiores de música de Oviedo, Madrid y Salamanca en las disciplinas de piano, violín, armonía, contrapunto y fuga, composición e instrumentación, dirección de coro y orquesta, musicología y pedagogía musical

Su formación humanística se completa con la licenciatura en Historia por la Universidad de Oviedo y el doctorado en Ciencias de la Educación por la UNED. En su carrera profesional desempeña el puesto de profesor titular de armonía y Conjunto Coral, primero en el Conservatorio Profesional de Música de Avilés (1987) y más tarde del Conservatorio Superior de Oviedo (1992), para alcanzar la cátedra de Pedagogía Musical. En 1993 accede, por concurso de méritos a la dirección artística de la Coral Polifónica de Asturias, cargo que desempeña hasta el 2015.

En su faceta de compositor sus obras se estrenan a cargo de destacados solistas, grupos de cámara y orquestas en distintos países como España, Francia, Italia, Estados Unidos o Singapur; cuenta con grabaciones en los sellos RTV,

Roncón, La Factoría, Paper Música Capellades y Rave Harps Singapur; por su composición musical, excelencia coral y pulcritud interpretativa alcanza numerosos premios y galardones; y su presencia es habitual en foros profesionales, nacionales e internacionales relacionados con las enseñanzas artísticas.[60]

La presencia de invitados relevantes dentro de la esfera musical ha sido constante, a modo de meros ejemplos: Raúl Junquera, trompeta solista de la orquesta de Valencia; Diego Rubio, percusionista por cuenta propia; Juan E. Crespo, pianista y profesor nacido en Oviedo; Gustavo Díaz-Jerez, pianista y compositor con un uso imprescindible de herramientas informáticas; Francisco López flauta solista y compositor de su propia música; Antonio Fraioli, especializado en clarinete y jazz además de compositor, arreglista y trascriptor musical; o Mateusz Kurcab, pianista y profesor.

Dentro de los compositores hay que señalar al polaco Krzysztof Penderecki, el neerlandés Johan de Weij o el trombonista Chistian Lindberg y, entre los directores de orquesta, a Enrique García Asensio y Aldo Ceccato; también se invita regularmente a los principales artistas del panorama musical a impartir *masterclass* en el centro académico; y gracias a los convenios con otros organismos como la Orquesta Sinfónica del Principado de Asturias, Oviedo Filarmónica o la Fundación Ópera permiten al alumnado realizar prácticas en otros ámbitos profesionales.

Finalmente a través del programa que impulsa la Carta Erasmus de Educación Superior, el centro ovetense acoge una importante presencia de profesores y alumnos extranjeros, con el consiguiente enriquecimiento cultural e intercambio de ideas; permite al mismo tiempo la movilidad de los estudiantes asturianos para viajar a los principales destinos musicales de Europa mediante acuerdos con distintas instituciones del sector, entre las que se encuentran destacados conservatorios; y adquiere, de este modo, una verdadera dimensión internacional en su implantación.

La Corralada de Vetusta, aquella plazuela angosta y húmeda encharcada los días lluviosos y grises, donde la residencia episcopal, la Puerta de la Limosna y la Casa del Chantre se daban cita, cede su paso en la *belle époque* ovetense al palacio de la familia Pajares. La plaza se convierte en un infierno dominado por las explosiones y las llamas durante la Revolución del 34 y la Guerra Civil cuando la casa del Deán Payarinos esta ocupada por la consulta de un oftalmólogo. En la actualidad la música, la alegría y la juventud rebosan en un ámbito con nueva vida gracias a su conservatorio.

---

[60] Entre las publicaciones de Fernando Agüería Cueva cabe citar: *Purita de la Riva, pianista*, Oviedo: FA, 2020. Una historia de la enseñanza musical del piano.

La flecha calada de la *Sancta Ovetensis*, una obra maestra del estilo ojival relacionada con la dinastía alemana de los Colonia, contempla este escenario histórico y cultural desde su posición altiva, cuyos *crochets* a modo de botones se abrochan al firmamento para que la torre se pueda apoyar en el suelo y en el cielo, se asemejan a pinceladas impresionistas que transforman la piedra en energía formada por una luminosidad magenta y evocan notas musicales que recorren sus pentagramas para entonar una oración como *Aleluya* (Fig. 36).

Conclusión

La Corralada de Vetusta, como un paisaje geográfico, fragmento de intrahistoria y palimpsesto musical, ofrece una serie de capas arquitectónicas, sociales y de cultura, que se superponen unas a otras dentro de un dinamismo histórico y marcada contingencia. Estas líneas, pretenden evocar una de las páginas más entrañables del Oviedo recoleto mediante un recorrido por su tejido urbano de raíz medieval, a la sombra de la torre de la Perdonanza en la *Sancta Ovetensis* y donde tiene un protagonismo espacial la casa del Deán Payarinos y su Conservatorio Musical.

La Casa del Chantre con su huerta y arbolada colindante con la cerca redonda que ciñe la urbe, próxima al desaparecido Colegio de San José, sede de la escolanía catedralicia en la calles del mismo nombre, da paso en torno a la fecha mágica de 1900 a una de las obras más emblemáticas del arquitecto municipal Juan Miguel de la Guardia en su intento de hacer de Oviedo una ciudad-palacio remedo de París, que no solo se ubica en la angosta y húmeda plazuela de la Corralada frente a la residencia episcopal, también se abre a una futura plaza más amplia y abierta.

En la casa del Deán Payarinos abordamos el *urbanismo*, la *ornamentación*, *construcción* y *distribución*, según el vocabulario original, del palacio financiado por la familia Pajares, donde se resalta la sinestesia propia del arte modernista entre arquitectura y música, patente en el ropaje de su volumen externo. Asimismo, en la medida de lo posible a partir de fotografías antiguas, fragmentos conservados y recuerdos de sus moradores, tratamos de reconstruir o al menos evocar su mágico interior, definitivamente arruinado al perder el edificio su función señorial.

La arquitectura también se une a un contenido humano: la Casa del Chantre y la escolanía de la catedral rememoran la *Edad de Oro* que la música alcanza en la ciudad durante el siglo XVIII gracias a magisterios como el de Enrique Villaverde y Joaquín Lázaro; el palacio del Deán Payarinos nos traslada a otro escenario, con figuras como el eclesiástico Benigno Rodríguez Pajares y sus hermanos que disfrutan de la vivienda a partir de 1900 y el oftalmólogo Santiago Romero Martínez junto a su familia , sus ocupantes desde el inicio de los terribles años treinta.

Finalmente, la conversión de la casa del Deán Payarinos como sede del Conservatorio de de Música de Oviedo, una vez rehabilitada por el arquitecto Javier Calzadilla en 1985, marca un hito en su recorrido histórico desde su primera instalación en el edificio clasicista de la calle del Rosal dentro de la Academia de Bellas Artes de San Salvador. Los nombres del músico asturiano Anselmo González del Valle y el musicólogo Eduardo Martínez Torner, como homenaje a su incansable labor musical, se unen de forma indisociable a unas instituciones renovadas y abiertas a una sinfonía de futuro.

Bibliografía

Agüería Cueva, Fernando: *Historia de la educación musical en la España contemporánea. Un estudio de política legislativa*, Oviedo: FA, 2011.

— *Purita de la Riva, pianista*, Oviedo: FA, 2020.

Canal Hernando, José Víctor: «Santiago Romero Martínez Médico de la Sociedad Hullera Española en el Concejo de Aller», *Estafería Ayerana*, núm. 22, 2016, pp. 34-36

Canella y Secades, Fermín: *El libro de Oviedo: guía de la ciudad y su concejo*, Oviedo: Imp. de Vicente Brid, 1887.

Casares Rodicio, Emilio: *La música en la catedral de Oviedo*, Oviedo: Servicio de Publicaciones de la Universidad de Oviedo, 1980.

Caso Fernández, Francisco: *La construcción de la catedral de Oviedo (1293-1587)*, Oviedo: Universidad de Oviedo, 1981.

— «Iconografía bíblica en el claustro de San Salvador», *Liño. Revista anual de historia del arte*, núm. 8, 1989, pp. 35-50.

Diez Huerga, M.ª Aurelia: «El Liceo de Oviedo: un ejemplo de asociación musical en el siglo xix», *Nassarre 29. Revista aragonesa de musicología*, núm. 1, 2013, pp. 99-128.

— «La música en los salones del Oviedo decimonónico», *Anuario musical. Revista de musicología del CSIC*, núm. 70, 2015, pp. 101-116.

Félix Magdalena, José Manuel: *El hierro. Aplicaciones artísticas en Oviedo*, Oviedo: Departamento de Historia del Arte, tesis de licenciatura, 1978.

Fernández de Córdoba Pérez, José Antonio: *Historia del Museo Arqueológico de Asturias*, Universidad de Oviedo: Facultad de Filosofía y Letras, tesis doctoral, 2016.

García-Avello, Ramón: «"La Promesa" frustrada», *El Comercio*, 9-1-2015, Gijón.

Gómez Fernández, Pedro y Fernando Rubio: *Parroquia y templo de San Juan el Real d Oviedo*, Oviedo. Graficas Summa, 1980.

González del Valle, Anselmo: *Rapsodia Asturiana sobre aires populares compuesta para piano*, Oviedo: Víctor Sáenz-Editor, 1909.

GONZÁLEZ ROMERO, José Fernando y Pelayo MUÑOZ DUARTE: «La estación del Fe-rrocarril Vasco-asturiano en Oviedo y la desaparición de un entorno modernis-ta», en *Minería del carbón y arquitectura industrial en Asturias*», Gijón: Gráficas Ápel, 2000, pp. 15-36.

GONZÁLEZ ROMERO, José Fernando y José Luis COSTA HERNÁNDEZ: *La conquista de Sevilla (1248) y el burgalés Ramón Bonifaz*, Gijón: Ediciones Trea, 2021.

GONZÁLEZ ROMERO, José Fernando: «La Casa del deán Payarinos en Oviedo sede del Conservatorio de Música», *Boletín del Real Instituto de Estudios Asturianos*, Oviedo: Ridea, núm. 159, 2002, pp. 43-47.

— *Juan Miguel de la Guardia. Arquitecto y urbanista*, Gijón: Ediciones Trea, 2015.

— *El gótico alemán en España y la dinastía de los Colonia. La cristalización de las torres caladas: Friburgo, Burgos y Oviedo*, Gijón Ediciones Trea, 2016.

— *La catedral de Oviedo y su entorno. Consistorio y casco antiguo*, Gijón: Ediciones Trea, 2017.

— *El arquitecto Javier Aguirre Iturralde (1850-1939). Entre Asturias y el País Vasco*, Gijón: Ediciones Trea, 2018.

— *Paisaje apocalíptico para después de una guerra. Oviedo: la ciudad mártir (1934-1936)*, Gijón: Ediciones Trea, 2019, pp. 30-31.

— *El arte rococó y su presencia en España*, Gijón: Ediciones Trea, 2022, pp. 71-75.

HERRERO MONTERO, Ana María: «El arco de San Isidoro de Oviedo. La destrucción del patrimonio monumental ovetense en el primer tercio del siglo xx», *Liño: Revista Anual de Historia del Arte*, núm. 23, 2017, pp. 86-87.

LORENZO BENAVENTE, Juan Bonifacio: *Eduardo Martínez Torner, del papel pautado al fotograma*, Alicante: Biblioteca Virtual Miguel de Cervantes, 2002.

MARTÍNEZ TORNER, Eduardo: *Cancionero musical de la lírica popular asturiana*, Ma-drid: Establecimiento topográfico Nieto y Cía., 1920.

MÉNDEZ MORI, Paciente: *Apuntes para la Historia de la fundación y propagación de la Catequesis de esta Diócesis de Oviedo y para la del Catecismo de niños*, Oviedo: Im-prenta La Cruz, 1922.

— *Emmo. Sr. Cardenal Sanz y Forés Obispo de Oviedo (1868-1882)*, Oviedo: Imprenta La Cruz, 1928.

MORALES SARO, María Cruz: *Oviedo. Arquitectura y desarrollo urbano*, Oviedo: Uni-versidad de Asturias, 1981.

QUINTANAL, Inmaculada: *La música en la catedral de Oviedo del siglo xviii*, Cátedra Feijoo, Universidad de Oviedo, Gijón: Centro de Estudios Siglo xviii, 1883.

QUIRÓS LINARES, Francisco: *El crecimiento espacial de Oviedo*, Departamento de Geo-grafía de la Universidad de Oviedo, 1978, p. 39.

RODRÍGUEZ PAJARES, Benigno: *Crónica de la recepción solemne de los venerables restos del protomártir asturiano ILUM. y RMO. Fr. Melchor García Sampedro de la Orden de*

Predicadores Obispo de Tricomia y Vicario Apostólico de Kung-King Central, Oviedo: Imp. Católica S. Juan 8, 1889.

Romero Martínez, Santiago: «La Ceguera de Tobías», *Yatros*, Oviedo, 1951.

Romero Rodríguez, Cecilia: «Motivos», *Domingo*, 20-5-1952.

Roza y Cabal, José de la: *Lecciones elementales de Arqueología cristiana*, Oviedo: Imp. del Asilo de Huérfanos de S. C. de Jesús, 1899.

Suárez, Constantino: *Escritores y Artistas Asturianos*, Oviedo: Ridea, 1957, t. 5, p. 553

Tarrio Aladro, Daniel: *La llegada de la Orquesta de Cámara «Los Virtuosos de Moscú» al Principado de Asturias*, Universidad de Oviedo, Facultad de Filosofía Letras, 2017.

Tolivar Faes, José Ramón: *Nombres y cosas de las calles de Oviedo*, Ayuntamiento de Oviedo, 1992.

Uría Libano, Fidela: «Anselmo González del Valle, músico asturiano», *Recerca Musicológica*, XI-XII, 1991-1992, pp. 389-398.

ARCHIVOS

RAH: Real Academia de la Historia.
AJM: Archivo Juan Muñiz.
MBA: Museo de Bellas Artes de Asturias.
AMO: Archivo Municipal de Oviedo.
AB: Archivo Bonifaz.
CONSMUPA: Conservatorio Superior de Música de Oviedo.

Glosario

agua o vertiente: una de las partes en que la hilera divide el tejado.

alzado: representación sin perspectiva de un edificio según un plano vertical.

arcediano: diácono principal de una catedral.

armadura: estructura de hierro o madera destinada a sostener o reforzar una construcción.

art nouveau: denominación del modernismo en Francia; representa una tendencia curvilínea y floral.

arcediano: diácono principal al servicio de una catedral.

asta: espesor de una pared igual a la longitud de un ladrillo.

ático: remate arquitectónico sobre la cornisa.

balaustrada: barandilla formada por balaustres o barrotes.

baquetón: especie de tallo o junquillo con que se subrayan las líneas arquitectónicas.

birreta: gorro cuadrangular rematado por una borla propio de los cargos eclesiásticos.

chantre: también denominado *capiscol* se refiere al maestro del canto o coro en una catedral.

clasicismo isabelino: denominación del neoclasicismo en su fase romántica del siglo xix, que se acabó disolviendo a finales del mismo en el eclecticismo.

coadjutor: eclesiástico que ayuda al párroco en sus funciones.

cornisa: reborde o remate del muro.

coup de fouet: termino francés para designar el golpe de látigo propio del *art nouveau*.

cubicación: en el texto se refiere al trazado y los materiales de la cimentación, teniendo en cuenta el futuro volumen del edificio.

deán: canónigo que preside en el caso de una catedral el Cabildo Catedralicio.

diácono: grado inferior al del sacramento del Orden Sagrado.

eclecticismo: sincretismo o mezcla de distintas tendencias o estilos; la arquitectura con estilos de la burguesía liberal a finales del siglo xix recibe también esa denominación.

ecónomo: religioso que administra los bienes de una diócesis, parroquia o convento.

escarzano: el arco que es menor que el semicírculo del mismo radio.

fábrica: construcción u obra realizada con ladrillo o piedra con argamasa.

fabriquero: cargo eclesiástico encargado de las obras y reparaciones del templo catedralicio.

guardapolvo: resguardo que se pone generalmente sobre puertas y ventanas para protegerlas de las contingencias meteorológicas.

hijuela: documento donde se señala un conjunto de bienes producto de una partición.

jambas: piezas verticales colocadas en los dos lados de las puertas y ventanas.

mampostería: fábrica de piedra sin labrar o labra tosca que se dispone de modo irregular.

ménsula: elemento voladizo que sirve para sostener alguna cosa.

modernismo: estilo que se desarrolla en torno a 1900 y que en arquitectura integra la artes mayores con las mal denominadas artes menores. Presenta diversas variantes como el modernismo curvilíneo, lineal, académico o medieval.

modillon: desde el punto de vista estructural pieza salediza destinada a sostener una cornisa, también se emplea como motivo de decoración en forma de ménsula.

moldura: estructura saliente de perfil constante y función decorativa que se coloca en las fachadas, muebles, etcétera.

paramento: aspecto o disposición de los elementos de un muro.

piano nobile: término italiano para designar la planta principal de una edificación.

pilastra: parte de un pilar o columna rectangular que se resalta sobre un muro.

planta: dibujo arquitectónico de un edificio representado en sentido horizontal.

provisor: se refiere a una modalidad de juez eclesiástico.

réquiem: en la liturgia romana misa por la intercesión de las almas de los difuntos.

tramo: espacio arquitectónico limitado por dos soportes.

vicario general: el cargo dentro de la colegial más importante después del obispo.

viga: soporte colocado en sentido horizontal.

volumen: en oposición al espacio interior representa el conjunto exterior del edificio.

zócalo: basamento.